평신도 구역공과

평신도 구역공과1

초판 1쇄 인쇄 | 2021년 12월 20일
초판 1쇄 발행 | 2021년 12월 20일
지은이 | 고요셉
펴낸이 | 정신일
펴낸곳 | 크리스천리더
책임편집 | 홍소희
교정 | 이숙자, 성주희
http//www.cjesus.co.kr

주소 : 경기도 부천시 원미구 중동 1289 팰리스카운티 아이파크상가 3층
연락처 : ☎ (032)342-1979
일부총판 : 생명의 말씀사 (02)3159-8211
등 록 : 제2-2727호(1999. 9.30.)

ISBN 978-89-6594-329-7 (03230)

값 7,500원

※ 잘못된 책은 구입하신 곳에서 바꾸어 드립니다.

임 명 장

성 명 :

년 월 일생

위 사람은 년도 하나님의 충성된 일꾼으로

그 직분을 신실하게 감당할

본 교회 로 임명합니다.

년 월 일

교회

담임목사

저자서문

한번도 겪어보지 못한 코로나 시대를 시작하면서, 소그룹의 중요성이 무엇보다 강조되는 시대를 우리는 살아가게 되었습니다.

"소그룹은 그 자체가 교회이다"고 말하는 것과 같이 소그룹은 단순한 성경공부 모임이 아니라, 그 안에서 말씀을 통하여 회복이 있고, 기도로 응답을 받는 공동체가 되어야 합니다. 더 나아가 작은 교회로 부터 큰 교회를 이루는 되는 복음과 사명의 기초가 되어야 합니다.

초대교회의 시작은 모이면 예배하고, 흩어지면 전도하고 기도하는 소그룹으로 부흥의 지경이 넓어졌으며, 한국 교회의 부흥의 시작도 가정교회(소그룹)에서 부터 시작되었다고 말하여도 과언이 아닙니다.

강단에서 선포되는 말씀을 중심으로 평신도들이 각 가정에서 소그룹으로 모여, 말씀의 은혜를 되새기고, 삶에 적용함으로 그들의 삶이 변화되고, 신앙을 성장케 할것이며 평신도의 신앙의 성장은 곧 교회의 부흥으로 이루어질 것입니다.

평신도가 하나님의 일꾼으로 교회를 세우고 가정을 세우는 기적의 주인공이 되길 기도하며 평신도 구역공과를 집필하였습니다.

"은혜를 만나는 시간"을 통하여 예수님을 만난 기적의 주인공을 살펴보고 그들이 예수님을 만났던 그 시간에 어떠한 역사를 경험했는지를 나눴습니다. 어떤 이는 한낮의 정오에, 어떤 이는 한밤중의 사경에 예수님을 만나게 되었고, 그들에게 단순한 시간적인 숫자를 넘어서 인생이 변화되는 전환점을 만나는 시간이 되었습니다.

"산상수훈 강해"를 통해서 팔복의 의미와 오늘날 우리 그리스도인들에게 바리새인들 보다 더 높은 차원의 의를 강조하시는 주님의 목적을 발견할 수 있었습니다.

"느헤미야 강해"를 통하여 무너지고 황폐해진 코로나 시대의 우리의 삶을 조명해 보고, 다시 회복시키시는 하나님의 놀라운 비젼과 역사를 발견하는 시간이 되었습니다.

평신도 구역공과를 통하여 강단에서 선포되었던 생생한 하나님의 말씀을 다시 한 번 경험하는 귀한 시간이 되길 바라며 함께 모여 말씀과 기도를 나눌 때에 더욱 크게 역사하실 하나님의 응답을 기대합니다.

이 책의 처음 부분인 「예배 가이드」는 말씀의 주제와 핵심을 함축하여 본문 전체의 시작을 잡는 목표를 제시하였습니다. 그리고 「피드백」은 오늘 말씀의 중요 핵심 구절들을 다시 확인함으로써 말씀중심의 은혜를 돌아보게 하였습니다. 그리고 「나눔과 적용」을 통해서 어떻게 말씀을 우리의 삶에 잘 적용할 것인가? 어떤 신앙의 모습으로 변화될 것인가? 고백하며 결단하는 시간을 갖게 구성하였습니다.

이 책을 통하여 풍성한 나눔과 교제, 중보기도로 아름다운 구역모임이 되기를 바라며 한국교회가 부흥하기를 간절히 소망합니다.

책이 나오기까지 원고를 정리하며 헌신한 영통영락교회 문서 선교부의 수고 손길에 진심으로 감사드리며 크리스천 리더 출판사에도 고마운 마음을 전합니다.

새롭게 부흥을 꿈꾸는 영통 영락교회에서
고요셉 목사

차례

[신년주일]

제1주

창대케 하리라

♣ 예배 가이드: *하나님께서 내 인생을 창대케 하실 것을 믿고, 흔들림 없는 소망 안에서 믿음으로 인내하는 성도가 됩시다.*

▪ **본문** : 히브리서 6장 11~15절

▪ **찬송** : 550장, 552장

▪ **요절**

"우리가 간절히 원하는 것은 너희 각 사람이 동일한 부지런함을 나타내어 끝까지 소망의 풍성함에 이르러 게으르지 아니하고 믿음과 오래 참음으로 말미암아 약속들을 기업으로 받는 자들을 본받는 자 되게 하려는 것이니라" (히 6:11~12)

새해가 되면 우리는 '새해 복 많이 받으세요.'라는 인사를 합니다. 미국 사람들이 자주 하는 인사 중에 'God bless you.'가 있습니다. 말 그대로 하나님의 복을 받으라는 뜻입니다. 중국인들의 문화에서는 빨간색 바탕에 금색으로 '복(福)'이라는 글자를 써서 거꾸로 여기저기 붙여놓고 복이 들어오기를 바랍니다. 이처럼 누구나 다 복을 받기 원하고 복을 받기 위해서 열심히 살아갑니다. 그런데 복이라는 것은 어디에서부터 시작된 말일까요?

"하나님이 그들에게 복을 주시며 이르시되 생육하고 번성하여 여러 바닷물에 충만하라 새들도 땅에 번성하라 하시니라"(창1:22).

하나님께서 이 땅을 창조하실 때에 이미 축복의 씨앗을 뿌려놓으셨습니다. 하나님의 축복으로 땅은 번성케 되었고 충만하게 된 것입니다. 복은 오직 하나님이 우리에게 주시는 것입니다. 어떻게 해야 하나님이 주시는, 창대하게 되는 복을 얻을 수 있을까요? 아브라함을모델로 살펴봅시다.

1. 소망을 가져야 합니다.

2010년 8월 칠레 북부에 있는 산호세 광산에서 갑자기 갱도가 무너지면서 지하 7백 미터 아래 있던 광부 33명이 그대로 갇히게 되었습니다. 그들을 구출해내기 위해 땅 위에서는 온갖 노력을 했고 70일이 지나갔습니다. 많은 사람들이 이미 그들이 죽었을 것이라 생각했습니다. 하지만 놀랍게도 구출이 시작되고 33명의 광부는 모두 살아서 돌아왔습니다. 어떻게 뜨거운 땅속에서, 배고픔과 목마름 속에서 그들이 살아있을 수 있었을까요?

그때 지하에 갇혀있던 19세의 광부 지미 산체스는 좁은 통로를 통해 지상에 보낸 편지에서 "이곳엔 우리를 결코 떠나지 않으시는 주님이 함께 계셔서 우리는 34명입니다."라고 써서 보냈습니다. 살 수 있다는 소망을 가지고 끝까지 인내했던 그들에게 놀라운 기적이 일어난 것입니다. 소망은 절망적인 상황 속에서도 살아날 수 있는 능력을 가지고 있습니다.

"우리가 간절히 원하는 것은 너희 각 사람이 동일한 부지런함을 나타내어 끝까지 소망의 풍성함에 이르러 게으르지 아니하고 믿음과 오래 참음으로 말미암아 약속들을 기업으로 받는 자들을 본받는 자 되게 하려는 것이니라"(히 6:11~12).

아브라함에게는 하나님께서 그에게 자손이 별과 같이 많아질 것이라 약속하신 그 말씀에 대한 소망이 있었습니다. 하지만 그의 현실은 단 한 명의 아들도 없었습니다.

대부분의 사람들은 계산하고 따져서 확률로 그것이 일어날 수 있는 일인가를 따지지만 아브라함은 가능성이 확률로는 영이었지만 하나님이 약속하신 것이기에 소망을 가졌습니다. 그리고 하나님은 그의 소망대로 이루어주셨습니다. 하나님은 소망하는 자에게 반드시 응답하시는 분이심을 믿으시기 바랍니다.

2. 믿음을 가지라

"믿음은 바라는 것들의 실상이요 보이지 않는 것들의 증거니 선진들이 이로써 증거를 얻었느니라"(히11:1).

하나님은 바라는 것들이 믿음이 아니라 바라는 것들은 소망이고 믿음은 소망을 볼 수 있는 실상과 증거라고 말씀합니다.

"이르시되 내가 반드시 너에게 복 주고 복 주며 너를 번성하게 하고 번성하게 하리라 하셨더니"(히6:14).

하나님의 '반드시'는 약속의 확실성, '복 주고 복 준다'는 충만성, '번성하게 하고 번성하게 하리라'는 정확성을 말씀하고 있습니다. 하나님의 약속은 단 한 가지도 이루어지지 않은 것이 없이 다 이루시는 것을 믿기 바랍니다. 우리가 왜 하나님을 믿고 언약의 말씀을 믿습니까? 단순히 복을 받기 위해 하나님을 믿는 것이 아닙니다. 우리는 이미 하나님으로부터 복을 받을 자격이 있는 사람이기에 하나님을 믿는 것이고 하나님으로부터 그 복을 받아내는 사람입니다.

"하나님은 약속을 기업으로 받는 자들에게 그 뜻이 변하지 아니함을 충분히 나타내시려고 그 일을 맹세로 보증하셨나니"(히6:17).

우리는 하나님의 약속을 이미 기업으로 받은 사람들이기에 복을 주시는 하나님을 신뢰하고 하나님의 뜻을 믿으며 의지할 때 하나님께서 우리에게 약속하신 그 약속을 반드시 지키십니다.

3. 오래 참아야 합니다.

"그가 이같이 오래 참아 약속을 받았느니라"(히6:15).

아브라함은 인내했던 사람입니다. 그리고 오래 참는 그 시간들 동안 여러 가지 시험으로부터 승리한 사람입니다. 100세에 얻은 귀한 아들 이삭을 하나님께서 모리아산에서 바치라고 하셨을 때 그는 단 한 마디의 불평도 없이 순종했고 그 순간에 하나님이 아브라함을 인정하셨습니다. 하나님의 축복, 하나님이 주시는 응답은 아무나 받는 것이 아닙니다. 하나님으로부터 인정받는 자가 복을 받습니다. 그리고 인내함을 가지고 끝까지 하나님의 말씀을 붙잡고 오래 참아야 합니다.

2022년 한 해를 시작하는 지금 하나님께 소망을 두시기 바랍니다. 소망의 기도제목을 하나님께 올려드리시기 바랍니다. 믿음으로 기도하시기 바랍니다. 사람의 말에, 환경에 넘어지지 말고 나와 내 집은 여호와 하나님만을 섬기겠노라 고백했던 여호수아처럼 확실하고 충만하며 정확하게 역사하시는 하나님만을 믿는 성도가 되시기 바랍니다.

[피드백]

빈칸에 알맞은 단어는 무엇입니까?

1. "믿음은 바라는 것들의 □□이요 보이지 않는 것들의 □□니 선진들이 이로써 □□를 얻었느니라"(히11:1)

2. "이르시되 내가 반드시 너에게 복 주고 복 주며 너를 □□하게 하고 □□하게 하리라 하셨더니"(히6:14)

3. "그가 이같이 오래 참아 □□을 받았느니라"(히6:15)

나눔과 적용

1. 신년에 계획한 새 소망과 기도제목이 있다면 무엇입니까?
2. 실현 가능성이 낮은 것이라도 약속을 받기 위해 우리가 할 일은 무엇입니까?
3. 내가 믿고 오래 참음으로 약속을 붙들 때 하나님께서 주실 은혜는 무엇입니까?
4. 말씀을 통해 새롭게 깨닫게 되었거나 받은 은혜를 나누어 봅시다.

제2주

정오에 만난 예수님

♣ 예배 가이드: *예수님을 만나기 전에는 세상에서 위로를 찾았지만, 예수님을 만나게 되면 참된 생수를 발견하며 인생이 변화 받는 성도가 됩시다.*

▪ **본문** : 요한복음 4장 5~15절

▪ **찬송** : 412장, 415장

▪ **요절**

"내가 주는 물을 마시는 자는 영원히 목마르지 아니하리니 내가 주는 물은 그 속에서 영생하도록 솟아나는 샘물이 되리라" (요 4:14)

그리스어에서 시간을 나타내는 단어가 '크로노스'와 '카이로스'입니다. 크로노스는 12시가 지나면 1시가 되고, 월요일이 지나면 화요일이 오는 흘러가는 시간을 뜻하고, 카이로스는 특별한 때를 나타내는 사건적인 시간을 뜻합니다. 그렇다면 카이로스의 시간은 누가 만들 수 있습니까? 바로 창조주 하나님이 인간에게 역사하는 시간, 하나님이 일하시는 그 시간이 바로 카이로스의 시간입니다.

수년이 흘러도 변하지 않던 사람이 하나님을 만나니 세상에서 즐기던 것을 끊어버리고 습관처럼 짓던 죄를 끊어버리게 되는 것, 시간이 지나도 해결되지 않던 문제들이 하나님이 일하심으로 해결되고, 회복되고, 치유되는 그 시간이 카이로스의 시간입니다. 하나님을 경험하는 그 카이로스의 시간은 바로 은혜를 만나는 시간입니다.

1. 예수님을 만나야 합니다.

"사마리아에 있는 수가라 하는 동네에 이르시니 야곱이 그 아들 요셉에게 준 땅이 가깝고 거기 또 야곱의 우물이 있더라 예수께서 길 가시다가 피곤하여 우물 곁에 그대로 앉으시니 때가 여섯 시쯤 되었더라"(요4:5~6).

중동지역의 정오는 하루 중에서 햇볕이 가장 뜨거운 때로 이 시간에는 아무도 밖에 나오지 않는데 한 여인이 우물로 나옵니다. 이 여인은 사람들의 눈을 피해 그 시간에 물을 길러 나온 것입니다. 그런데 예수님은 이 여인을 만나기 위해 그 우물에 오셨고 이 여인이 사람들의 눈을 피할 수밖에 없는 이유를 이미 알고 계셨습니다.

우리 인생에 주님을 만나야 하는 이유는 오직 예수님만이 우리 삶의 근원적인 문제를 해결해 주실 수 있기 때문입니다. 칼 로저스라는 현대 심리학자는 '현대인이 역사상 가장 고독한 존재'라고 말했습니다. 수많은 사람들 속에서, 수많은 관계 속에서 살아가지만 군중 속에 고독한 존재라는 것입니다.

이는 자신을 내어줄만한 대상, 믿을만한 대상을 발견하지 못했기 때문에 고독하다는 것입니다. 그런데 우리들을 위해 자신을 내어주신 분이 계십니다. 바로 예수 그리스도입니다.

"예수께서 이르시되 내가 곧 길이요 진리요 생명이니 나로 말미암지 않고는 아버지께로 올 자가 없느니라"(요14:6).

우리를 찾아오신 예수님을 만나게 되면 어제와는 다른 시간, 우리의 문제가 해결되는 시간이 됨을 믿으시기 바랍니다.

2. 은혜를 구해야 합니다.

"사마리아 여자 한 사람이 물을 길으러 왔으매 예수께서 물을 좀 달라 하시니"(요4:7).

사실 물이 필요한 것은 예수님이 아니라 여인입니다. 예수님께서 여인에게 물을 달라고 하신 것은 이 여인의 갈급함을 대신 표현하고 있는 것입니다. 병원에 가면 의사에게 자신의 아픈 곳을 직접 이야기해야 치료를 받을 수 있는 것처럼 우리도 주님 앞에서 문제를 해결받기 위해서는 우리의 약함을 정확하게 고백해야 합니다. 그래서 우리가 가진 문제는 우리가 예수님께 나아갈 중요한 도구가 됩니다.

그리고 주님께 달라고 요구하는 것처럼 우리도 주님께 무엇을 드려야 할 것인지에 대해 생각해야 합니다. 주님께 얻었기 때문에 문제가 해결되어지는 것보다 내가 드렸기 때문에 해결되어지는 것이 훨씬 더 많다는 사실을 우리는 기억해야 합니다.

옛날 시골에서는 물을 얻기 위한 펌프가 있었는데 반드시 한 바가지의 마중물을 붓고 펌프질을 해야 물이 콸콸 쏟아져 나옵니다. 은혜를 얻는 시작은 내가 움켜쥔 것, 내가 욕심내던 것을 내려놓는 것부터 시작됩니다. 그리고 나의 연약함을 주님 앞에 솔직히 고백하고 철저히 회개하며 은혜를 구할 때 주님께서 가장 좋은 것으로 우리 안에 채워 주십니다.

3. 영원한 샘물을 얻습니다.

"예수께서 대답하여 이르시되 네가 만일 하나님의 선물과 또 네게 물 좀 달라 하는 이가 누구인 줄 알았더라면 네가 그에게 구하였을 것이요 그가 생수를 네게 주었으리라"(요4:10).

"예수께서 대답하여 이르시되 이 물을 마시는 자마다 다시 목마르려니와 내가 주는 물을 마시는 자는 영원히 목마르지 아니하리니 내가 주는 물은 그 속에서 영생하도록 솟아나는 샘물이 되리라"(요4:13~14).

마르지 않는 샘물, 우리 인생의 목마름을 해결하시고 영혼의 목마름까지도 해결하시는 그 생수 되시는 주님을 만나야 합니다. 주님께 문제를 맡기시기 바랍니다. 오늘도 은혜를 채워달라고 주님을 의지하시기 바랍니다. 목마를 때마다 세상에서 마실 것을 찾지 말고 주님 안에서 기쁨의 샘, 찬양의 샘, 감사의 샘을 맛보길 바랍니다.

[피드백]

빈칸에 알맞은 단어는 무엇입니까?

1. "예수께서 이르시되 내가 곧 □이요 □□요 □□이니 나로 말미암지 않고는 아버지께로 올 자가 없느니라"(요14:6)

2. "예수께서 대답하여 이르시되 네가 만일 하나님의 □□과 또 네게 물 좀 달라 하는 이가 누구인 줄 알았더라면 네가 그에게 구하였을 것이요 그가 □□를 네게 주었으리라"(요4:10)

3. "예수께서 대답하여 이르시되 이 물을 마시는 자마다 다시 목마르려니와 내가 주는 물을 마시는 자는 □□□ 목마르지 아니하리니 내가 주는 물은 그 속에서 □□하도록 솟아나는 샘물이 되리라"(요4:13~14)

나눔과 적용

1. 가장 고독한 존재인 내가 어떻게 할 때 그 고독을 이겨낼 수 있습니까?
2. 나의 문제를 해결 받기 위해 주님 앞에 나와 무엇을 해야 합니까?
3. 내가 영원한 샘물이신 예수님을 만나면 어떤 변화가 있게 됩니까?
4. 말씀을 통해 새롭게 깨닫게 되었거나 받은 은혜를 나누어 봅시다.

제3주

일곱 시의 기적

♣ 예배 가이드: *우리 인생의 많은 문제의 해답은 예수 그리스도이며, 이를 믿는 자에게는 이미 이루어져 있음을 고백하는 성도가 됩시다.*

▪ **본문** : 요한복음 4장 46~54절

▪ **찬송** : 471장, 472장

▪ **요절**

"예수께서 이르시되 가라 네 아들이 살아 있다 하시니 그 사람이 예수께서 하신 말씀을 믿고 가더니 내려가는 길에서 그 종들이 오다가 만나서 아이가 살아 있다 하거늘" (요 4:50~51)

본문의 이야기는 죽어가는 아들을 지켜볼 수밖에 없는 한 아버지의 안타까운 사연입니다. 이 아버지는 왕의 신하입니다. 아버지가 왕 다음으로 권력이 있고 재력이 있어도 지금은 죽어가는 아들을 살리지 못하는 그저 무능력한 아버지일 뿐입니다. 지금 이 아버지에게 가장 필요한 것이 무엇일까요?

1. 예수 안에 해답이 있다.

한국대학생선교회를 설립하신 고(故) 김준곤 목사님의 「100문 1답」이라는 글이 있습니다. 무슨 질문을 하든 답은 예수 그리스도입니다.

나를 가장 잘 알고 계시는 분은 누구십니까? 나의 죽고 사는 이유가 되시는 분은 누구십니까? 수많은 나의 기도를 하나도 빠짐없이 들으시는 분은 누구십니까? 나를 절대 안 떠난다고 말씀하신 분은 누구십니까? 답은 예수 그리스도입니다.

고린도전서 15장에 사도 바울이 고백했듯이 우리에게 부활하신 예수님이 없으면 모든 것이 헛것이지만 예수님이 계심으로 말미암아 우리는 모든 것을 가진 자가 되는 것입니다.

우리에게 예수님을 대신할 수 있는 것이 많다면 그것은 결코 우리에게 축복이 아닙니다. 왜냐하면 우리에게 많은 것이 있다면 우리는 예수님을 찾지 않을 것이기 때문입니다. 주님께 아무리 능력 있다 해도 우리가 그 분을 찾지 않고 의지하지 않으면 응답은 나타나지 않습니다.

"그가 예수께서 유대로부터 갈릴리로 오셨다는 것을 듣고 가서 청하되 내려오셔서 내 아들의 병을 고쳐주소서 하니 그가 거의 죽게 되었음이라"(요 4:47).

이 아버지는 누구보다도 절실하게 예수님이 필요했습니다. 그래서 죽어가는 아들 옆을 지키기보다 예수님을 찾아와서 간청하고 있습니다. 우리가 문제 앞에서 가장 먼저 해야 하는 것은 주님께 도움을 구하는 것입니다. 왜냐면 예수님만이 해답이시기 때문입니다.

2. 믿음이 기적을 일으킨다.

"예수께서 이르시되 너희는 표적과 기사를 보지 못하면 도무지 믿지 아니하리라"(요4:48).

아버지의 믿음의 시작은 표적에 매달리는 것이었습니다. 물론 아버지가 표적에 매달렸던 것이 이해됩니다. 수많은 의원을 찾아가고, 약을 썼지만 결국 아들은 점점 더 죽어가게 되었기에 더 이상 사람의 말은 믿을 수 없습니다. 자신의 눈으로 아들이 살아나는 것을 보기 전에는 믿을 수 없는 것이 이 아버지의 마음이었을 것입니다. 그래서 재차 말합니다.

"신하가 이르되 주여 내 아이가 죽기 전에 내려오소서"(요4:49).

여러분의 믿음은 어떻습니까? 예수님을 믿으십니까? 아니면 예수님이 행하시는 기적을 보고 예수님을 믿습니까? 신앙생활을 하면서 가장 많이 드는 의문은 '왜 하나님은 나의 기도에 응답하지 않으실까' 일 것입니다. 그런데 왜 응답이 없는가라는 의문보다 '왜 나는 하나님의 응답을 믿지 않는가'로 바뀌어야 할 것입니다. 기적이 먼저가 아니라 믿음이 먼저입니다.

"믿음은 바라는 것들의 실상이요 보이지 않는 것들의 증거니"(히11:1).

믿음은 보이지는 않지만 보는 것입니다. 마가복음 5장에 열두 해 혈루증으로 고통을 당하던 여인이 예수님의 옷에 손만 대어도 자신이 구원을 받을 것이라는 생각에 예수님께 다가와 옷을 잡았고 정말로 병이 나았습니다.

마가복음 10장에 시각 장애인도 자신이 유일하게 지켜오던 겉옷을 내던지고 뛰어 예수님께 나왔더니 눈이 열리는 기적을 체험하게 됩니다. 기적이 믿음을 낳는 것이 아니라 믿음이 기적을 일으키는 것입니다.

3. 응답은 '이미 이루어졌다'입니다.

"예수께서 이르시되 가라 네 아들이 살아있다 하시니 그 사람이 예수께서 하신 말씀을 믿고 가더니"(요4:50).

예수님의 한 마디 말에 이 아버지의 마음에 아멘이라는 평안이 찾아오게 됩니다. 우리가 기도할 때에 주님으로부터 이 음성을 들어야 합니다. 나에게는 아무리 어려운 문제, 해결할 수 없는 문제라 할지라도 주님이 주시는 방법은 너무나 쉽습니다. 왜냐면 주님에게는 아무 것도 아니기 때문입니다. 아버지가 집으로 가는 길에 종들을 만나 아들이 살았다는 말을 듣습니다.

"그 낫기 시작한 때를 물은즉 어제 일곱 시에 열기가 떨어졌나이다 하는지라 그의 아버지가 예수께서 네 아들이 살아있다 말씀하신 그 때인 줄 알고 자기와 그 온 집안이 다 믿으니라"(요4:52~53).

기적은 이미 주님의 음성을 들었을 때에 일어났습니다. 주님의 기적은 시간과 공간을 초월해서 역사하심을 믿으시기 바랍니다. 우리가 기도하고 나서 의심하지 말고 걱정하지 말아야 하는 이유는 기적은 이미 우리가 기도하고 응답 받은 그 순간 이루어졌기 때문입니다.

"내가 진실로 너희에게 이르노니 누구든지 이 산더러 들리어 바다에 던져지라 하며 그 말하는 것이 이루어질 줄 믿고 마음에 의심하지 아니하면 그대로 되리라 그러므로 내가 너희에게 말하노니 무엇이든지 기도하고 구하는 것은 받은 줄로 믿으라 그리하면 너희에게 그대로 되리라"(막11:23~24).

[피드백]

빈칸에 알맞은 단어는 무엇입니까?

1. "믿음은 바라는 것들의 □□이요 보이지 않는 것들의 □□니"(히11:1)

2. "예수께서 이르시되 가라 네 아들이 □□□□ 하시니 그 사람이 예수께서 하신 말씀을 □□ 가더니"(요4:50)

3. "그 낫기 시작한 때를 물은즉 어제 일곱 시에 열기가 떨어졌나이다 하는지라 그의 아버지가 예수께서 네 아들이 □□□□ 말씀하신 그 때인 줄 알고 자기와 그 온 집안이 다 □□□□"(요4:52~53)

나눔과 적용

1. 내 인생의 해결되지 않는 문제는 무엇입니까? 그 해답은 어디에 있습니까?
2. 내가 지금 믿음으로 하나님의 기적을 체험해야 할 영역은 무엇입니까?
3. 하나님의 응답은 언제 어떻게 할 때 실제로 이루어집니까?
4. 말씀을 통해 새롭게 깨닫게 되었거나 받은 은혜를 나누어 봅시다.

제4주

구시에 일어난 능력

♣ 예배 가이드: *은혜의 자리를 사모하며 예수님을 바라보고 따르는 사람에게 하나님께서 역사하심을 믿는 성도가 됩시다.*

▪ **본문** : 사도행전 3장 1~10절

▪ **찬송** : 515장, 518장

▪ **요절**

"베드로가 이르되 은과 금은 내게 없거니와 내게 있는 이것을 네게 주노니 나사렛 예수 그리스도의 이름으로 일어나 걸으라 하고" (행 3:6)

절망적인 삶을 살던 한 사람이 예수 그리스도의 이름으로 완전한 변화를 경험하게 되는 이야기입니다. 태어날 때부터 걷지 못하는 사람, 그가 할 수 있는 것은 사람들에게 구걸하며 사는 것입니다.

그의 나이가 사십 살 정도 되었다(행4:22)고 하는데 그저 하루 먹고 살 돈 몇 푼을 구하는 마음으로 성전 문 앞에 날마다 앉아있던 그 자리에서 제 구시에 그는 놀라운 은혜를 경험하게 됩니다. 어떻게 그의 삶이 변하게 되었을까요?

1. 날마다 은혜의 자리로 가야 합니다.

"나면서 못 걷게 된 이를 사람들이 메고 오니 이는 성전에 들어가는 사람들에게 구걸하기 위하여 날마다 미문이라는 성전문에 두는 자라"(행3:2).

사람은 어디에 있는가가 중요합니다. 지금 본문의 '나면서 못 걷게 된 자'는 성전에 기도하러 온 것이 아닙니다. 자신의 병을 고치거나 걷고 싶어서 온 것도 아닙니다. 그저 하루 먹고 살 돈을 구걸하러 온 것입니다. 그런데 그의 동기가 무엇이든 그는 날마다 하나님이 계신 성전

가까이에 있었습니다. 그러다 베드로와 요한을 만난 것입니다.

우리가 은혜를 받으려면 은혜의 자리를 지키는 습관이 중요합니다. 습관은 반복적이고 규칙적인 생활로 굳어진 것입니다. 습관이 반복되면 그것이 일상이 되고 생활이 됩니다.

주일예배를 습관에 따라 가는 분들도 있을 것입니다. 그것도 잘 하는 것입니다. 왜냐하면 별 기대를 하고 오지 않았어도 하나님이 우리 심령에 분명히 말씀하시고, 삶 가운데 반드시 역사하시는 응답이 있기 때문입니다.

하나님의 은혜를 사모하며 나온 사람에게는 그 사모하는 만큼의 큰 은혜를 주시고, 그냥 은혜의 그 자리에 앉아있는 사람에게도 성령께서 그 심령을 사로잡는 기적과 변화의 시간이 되게 하십니다.

날마다 나오는 예배, 날마다 나오는 교회, 때로는 교회가 아름다운 미문 같을 때가 있는가 하면 가끔은 예배하러 나오는 것이 너무나 힘들 때도 있습니다. 그러나 슬픔의 문을 열고 교회 안에 들어오면 하나님께서 우리의 슬픔을 변하여 기쁨으로 바꾸어주실 줄 믿습니다.

2. 예수를 바라봐야 합니다.

"베드로가 요한과 더불어 주목하여 이르되 우리를 보라 하니 그가 그들에게서 무엇을 얻을까 하여 바라보거늘"(행3:4~5).

대화를 할 때 눈 마주침(eye contact)은 아주 중요합니다. 그래야 진실된 대화를 할 수 있습니다. 그런데 구걸하는 사람은 그저 손만 내밀고 한 푼만 달라고 구걸했지 누가 주고 가는지는 자세히 쳐다보지 않습니다. 이 사람에게 베드로가 '우리를 보라'고 말합니다.

"베드로가 이르되 은과 금은 내게 없거니와 내게 있는 이것을 네게 주노니 나사렛 예수 그리스도의 이름으로 일어나 걸으라 하고"(행3:6).

베드로가 보라고 한 것은 은과 금이 아닌 자신 안에 살아계신 예수 그리스도를 보라는 것이었습니다. 은과 금이 이 사람을 걷게 하는 게 아닙니다. 오직 예수 그리스도를 바라볼 때 일어나게 되는 것입니다.

우리의 삶도 마찬가지입니다. 무엇을 보려고 그렇게 열심히 찾아다니셨습니까? 인맥, 물질, 지식, 경험이 우리 인생의 문제를 해결해 줄 수 없습니다. 오직 예수님만이 모든 문제를 해결하실 능력이 있는 분입니다.

"믿음의 주요 또 온전하게 하시는 이인 예수를 바라보자…"(히12:2).

우리가 주님을 바라보는 것은 바라봄으로 말미암아 우리의 마음이 주님께 점령당하는 것입니다. 믿음이 없어도 주님을 바라보면 믿음이 생겨납니다. 그럴 때 기적은 일어나게 됩니다.

3. 예수의 이름을 믿어야 합니다.

"오른손을 잡아 일으키니 발과 발목이 곧 힘을 얻고 뛰어 서서 걸으며 그들과 함께 성전으로 들어가면서 걷기도 하고 뛰기도 하며 하나님을 찬송하니"(행3:7~8).

예수님의 이름에 능력이 있음을 믿으시기 바랍니다. 예수님의 이름에 어떤 능력이 있습니까? 예수님의 이름은 바로 구원의 이름입니다.

"다른 이로써는 구원을 받을 수 없나니 천하 사람 중에 구원을 받을 만한 다른 이름을 우리에게 주신 일이 없음이라 하였더라"(행4:12).

"누구든지 주의 이름을 부르는 자는 구원을 받으리라"(롬10:13).

또한 예수님의 이름은 우리를 완전케 하는 능력의 이름입니다.

"그 이름을 믿으므로 그 이름이 너희가 보고 아는 이 사람을 성하게 하였나니 예수로 말미암아 난 믿음이 너희 모든 사람 앞에서 이같이 완전히 낫게 하였느니라"(행3:16).

'완전히 낫게 하였느니라' 예수님의 이름은 육체만 고치는 것이 아니라 그의 마음과 생각을 고치고 병든 영혼까지 고치심을 믿으시기 바랍니다.

"제 구 시 기도시간에 베드로와 요한이 성전에 올라갈새"(행3:1).

본문의 앉은뱅이는 제 구시에 일어나는 능력을 경험했습니다. 그의 인생에 은혜를 만난 시간인 구시는 기도하는 시간이었습니다. 기도시간은 하나님이 역사하시는 시간, 하나님이 임재하시는 시간입니다. 기도시간에 눈을 들어 주님을 바라보기 바랍니다. 그리고 예수님의 이름을 부르는 자는 예수님의 능력을 경험할 것입니다.

[피드백]

빈칸에 알맞은 단어는 무엇입니까?

1. "베드로가 이르되 은과 금은 내게 없거니와 내게 있는 이것을 네게 주노니 □□□ □□ 그리스도의 이름으로 일어나 걸으라 하고"(행3:6)

2. "다른 이로써는 □□을 받을 수 없나니 천하 사람 중에 □□을 받을 만한 다른 이름을 우리에게 주신 일이 없음이라 하였더라"(행4:12)

3. "그 이름을 믿으므로 그 이름이 너희가 보고 아는 이 사람을 성하게 하였나니 □□로 말미암아 난 □□이 너희 모든 사람 앞에서 이같이 완전히 낫게 하였느니라"(행3:16)

나눔과 적용

1. 하나님의 은혜를 받기 위해 내가 붙들어야 할 습관에는 어떤 것이 있습니까?
2. 본문의 사람은 절망적인 상황에서 은혜를 입자 어떤 변화들을 맞이했습니까?
3. 우리의 문제들을 해결받으려면 누구를 바라보아야 하며, 그 이유는 무엇입니까?
4. 말씀을 통해 새롭게 깨닫게 되었거나 받은 은혜를 나누어 봅시다.

제5주

사경 중에 오신 예수님

♣ **예배 가이드:** *예고치 않게 찾아오는 인생의 풍랑이 있을 때, 예수님께서 반드시 찾아오십니다. 그 예수님의 손을 잡고 헤쳐 나가는 성도가 됩시다.*

▪ **본문** : 마태복음 14장 22~33절

▪ **찬송** : 96장, 545장

▪ **요절**

"예수께서 즉시 손을 내밀어 그를 붙잡으시며 이르시되 믿음이 작은 자여 왜 의심하였느냐 하시고 배에 함께 오르매 바람이 그치는지라" (마 14:31~32)

본문의 제자들은 깊은 밤 사경에 큰 풍랑을 만나게 됩니다. 밤 사경은 새벽 3시부터 아침 6시까지의 시간을 말합니다. 이 시간은 바로 해 뜨기 직전 밤중에서도 가장 어두운 시간입니다.

우리도 인생을 살아가면서 풍랑을 만나기도 하고, 깊은 어둠 속에서 어디로 나아갈지 한 치 앞을 모를 때도 있습니다. 세상의 사람들은 이런 풍랑과 어둠을 만나면 두려워하고 절망하며 자신의 삶을 비관하고 때론 포기하기도 합니다. 우리도 풍랑으로 인해 잠시 흔들릴 수는 있지만 완전히 좌절하지는 않습니다. 우리 주님이 계시기 때문입니다. 소망을 가지고 주님을 바라보기 때문입니다.

1. 풍랑은 예고하지 않고 찾아옵니다.

"예수께서 즉시 제자들을 재촉하사 자기가 무리를 보내는 동안 배를 타고 앞서 건너편으로 가게 하시고 무리를 보내신 후에 기도하러 따로 산에 올라가시니라 저물매 거기 혼자 계시더니"(마14:22~23).

본문의 앞에는 예수님께서 오병이어의 기적을 일으키신 장면이 나옵니다. 예수님이 제자들을 재촉해서 보내신 것은 제자들이 거기에서 사람들의 칭찬을 듣고 있는 것이 아무런 도움이 되지 않기 때문입니다. 하지만 배를 타고 가는 제자들은 예수님의 기적을 베푸시는 모습에 이제부터는 뭐든 술술 풀릴 것이라는 기대감으로 가득 찼을 것입니다.

"배가 이미 육지에서 수 리나 떠나서 바람에 거스르므로 물결로 말미암아 고난을 당하더라"(마14:24).

고난은 예고 없이 찾아옵니다. 특히 고난은 만족에 취해 있을 때, 성공에 취해있을 때, 평안할 때 갑자기 찾아옵니다. 요즘 '안전 불감증'이라는 말이 많이 나오는데 그 사전적 의미는 '모든 것이 안전할 거라고 생각하며 위험은 없다고 생각하는 사람들에게 나타나는 증상'입니다. 우리는 특히 영적인 안전 불감증에 빠지지 않도록 깨어있어야 합니다.

"시험에 들지 않게 깨어 있어 기도하라 마음에는 원이로되 육신이 약하도다 하시고"(마26:41).

우리의 삶에 예고 없이 찾아오는 풍랑을 이기기 위해서 우리는 깨어서 기도해야 합니다. 깨어 있어야 풍랑 속에서도 우리를 도우시는 주님을 만날 수 있습니다.

2. 풍랑 중에 찾아오시는 예수님

"밤 사경에 예수께서 바다 위로 걸어서 제자들에게 오시니 제자들이 그가 바다 위로 걸어오심을 보고 놀라 유령이라 하며 무서워하여 소리 지르거늘 예수께서 즉시 이르시되 안심하라 나니 두려워하지 말라"(마14:25~27).

예수님은 풍랑으로 고통을 당하는 제자들을 찾아오셨습니다. 예수님은 언제 찾아오십니까? 언제 도와주십니까? 우리의 힘이 남아 있을 때에는 오지 않으십니다. 그때는 주님이 도와주려고 해도 도와주실 수 없습니다. 주님을 의지하지 않고 내 힘, 내 것을 고집하기 때문입니다.

하지만 내 힘으로는 더 이상 할 수 없다고 생각하고 주저앉을 때 하나님께서 역사하십니다. 그래서 풍랑에서 빨리 벗어나는 방법은 얼른 내 방법을 포기하고 주님을 의지하는 것입니다.

예수님은 벌써부터 제자들을 보고 계셨습니다. 자신들의 힘으로 애쓰며 살아보려고 하는 것을 보시며 기다리고 계셨습니다. 언제까지 기다리셨습니까? 주님을 부르며 도움을 구하고 주님만 의지할 때까지 기다리셨습니다. 예수님은 단 한 순간도 우리들의 곁을 떠나신 적이 없습니다.

3. 주님 손을 붙잡아야 합니다.

"베드로가 대답하여 이르되 주여 만일 주님이시거든 나를 명하사 물 위로 오라 하소서 하니 오라 하시니 베드로가 배에서 내려 물 위로 걸어서 예수께로 가되"(마14:28~29).

풍랑 속에서 두려워하던 베드로는 주님을 만나니 더 이상 풍랑이 보이지 않았고, 풍랑을 딛고 설 수 있겠다는 용기가 생겼습니다. 그때 예수님께서 베드로에게 오라고 말씀합니다. 베드로가 용기를 내 배에서 물 위로 걸음을 내딛어 몇 발자국을 걷습니다.

"바람을 보고 무서워 빠져 가는지라 소리 질러 이르되 주여 나를 구원하소서 하니"(마14:30).

예수님만을 바라보고 물 위를 걷던 베드로가 바람을 다시 보게 되었고 그로 인해 물속에 빠지게 됩니다. 우리도 성전에 와서 기도할 때는 마음에 평안과 소망이 있다가도 다시 삶으로 돌아가 현실을 보면 여전히 두려움, 불안, 걱정거리뿐입니다. 왜 그럴까요? 주님이 약한 것이 아니라, 문제가 강하고 큰 것이 아니라, 우리의 믿음이 작기 때문입니다. 믿음이 없는 게 아니라 있기는 있는데 작다는 것입니다.

"예수께서 즉시 손을 내밀어 그를 붙잡으시며 이르시되 믿음이 작은 자여 왜 의심하였느냐 하시고 배에 함께 오르매 바람이 그치는지라"(마14:31~32).

주님의 손은 능력의 손입니다. 권능의 손입니다. 하나님은 우리의 문제보다도 더 크신 분입니다. 세상의 그 어떤 풍파도 잠잠케 하시는 하나님의 손길을 믿고 의지하는 큰 믿음을 가지고 승리의 삶을 살기 바랍니다.

[피드백]

빈칸에 알맞은 단어는 무엇입니까?

1. "밤 사경에 예수께서 바다 위로 걸어서 제자들에게 오시니 제자들이 그가 바다 위로 걸어오심을 보고 놀라 유령이라 하며 □□□□□ 소리 지르거늘 예수께서 즉시 이르시되 안심하라 나니 □□□□□ 말라"(마14:25~27)

2. "베드로가 대답하여 이르되 주여 만일 주님이시거든 나를 □□□ 물 위로 오라 하소서 하니 오라 하시니 베드로가 배에서 내려 □ □□ 걸어서 예수께로 가되"(마14:28~29)

3. "예수께서 즉시 손을 내밀어 그를 붙잡으시며 이르시되 □□□ 작은 자여 왜 의심하였느냐 하시고 배에 함께 오르매 □□□ 그치는지라"(마14:31~32)

나눔과 적용

1. 풍랑이 가득한 내 인생에 예수님이 찾아오시는 때는 언제입니까?
2. 예고치않고찾아오는풍랑을이겨내기 위해우리는어떻게하면좋겠습니까?
3. 현재내인생의풍랑을이겨내기 위해구체적으로무엇을실천할수있습니까?
4. 말씀을 통해 새롭게 깨닫게 되었거나 받은 은혜를 나누어 봅시다.

제6주

실패의 밤에 찾아오신 예수님

♣ 예배 가이드: *우리가 실패할 때 예수님께서 찾아오셔서 우리의 기쁨을 회복하시고 새롭게 변화시키시는 것을 경험하는 성도가 됩시다.*

▪ **본문** : 누가복음 5장 1~11절

▪ **찬송** : 324장, 461장

▪ **요절**

"시몬이 대답하여 이르되 선생님 우리들이 밤이 새도록 수고하였으되 잡은 것이 없지마는 말씀에 의지하여 내가 그물을 내리리이다 하고" (눅5:5)

우리가 인생을 살면서 만남이 중요한 것은 그 만남을 통해 인생이 새롭게 바뀌기도 하기 때문일 것입니다. 철학자 플라톤에게는 그의 스승이었던 소크라테스와의 만남이 있었고, 장애를 가지고 태어난 헬렌 켈러에게는 설리반 선생님과의 만남이 있었고, 무명의 마이클 조던이 세계적인 농구선수가 되기까지는 그를 찾아낸 딘 스미스라는 감독과의 만남이 있었습니다. 그렇다면 우리의 삶에서 가장 중요한 만남은 무엇일까요? 바로 예수 그리스도와의 만남입니다.

본문은 베드로가 처음으로 예수님을 만나는 장면입니다. 베드로의 인생에 찾아오셔서 그의 삶을 변화시켜주신 예수님을 우리도 만나길 바랍니다.

1. 실패 중에 찾아오신 예수님

"예수께서 한 배에 오르시니 그 배는 시몬의 배라 육지에서 조금 떼기를 청하시고 앉으사 배에서 무리를 가르치시더니"(눅5:3).

베드로는 어부입니다. 아무리 고기를 못 잡아도 일반 사람들이 잡는 것 이상으로 고기를 잡을 수 있는 사람인데 그 날은 실패를 거듭하고 있었습니다. 그때 예수님이 베드로의 배에 타셨습니다. 사람들은 성공한 사람, 그 사람으로부터 무언가를 얻을 수 있는 사람을 찾아가지만 예수님은 실패하고 절망하고 지쳐있는 자에게 찾아오십니다. 이것이 바로 실패가 우리에게 주는 유익입니다.

"고난당한 것이 내게 유익이라 이로 말미암아 내가 주의 율례들을 배우게 되었나이다"(시119:71).

우리가 성공했을 때뿐만 아니라 실패했을 때도 예수님은 찾아와주십니다. 우리가 강할 때뿐만 아니라 약할 때도 찾아오십니다. 우리가 당하는 실패의 현장에서 우리를 위로해주시고, 우리의 실패를 성공으로 바꾸어 주시기 위해 찾아오십니다. 우리가 낙심하고 힘들어 할 때 더욱 예수님은 우리를 찾아오심을 믿으시기 바랍니다.

2. 기쁨을 회복시키시는 예수님

"말씀을 마치시고 시몬에게 이르시되 깊은 데로 가서 그물을 내려 고기를 잡으라 시몬이 대답하여 이르되 선생님 우리들이 밤이 새도록 수고하였으되 잡은 것이 없지마는 말씀에 의지하여 내가 그물을 내리리이다"(눅5:4~5).

베드로는 어젯밤에 밤새도록 수고하였으나 말씀에 의지하여 그물을 내린다고 고백했습니다. 그럼에도 불구하고 순종한다는 것입니다. 우리에게도 이런 고백이 필요합니다.

왜냐하면 주님이 말씀하시기 때문입니다. 지금은 이해가 안 되더라도 순종하십시오. 순종하게 되면 나중에 이해가 됩니다. 반면 사탄은 실패를 통하여 우리로 하여금 불순종하게 만듭니다. 실패했기 때문에, 해봤는데 안 됐기 때문에 주님을 더욱 붙잡고 의지해야 하는데 오히려 멀어지게 만듭니다.

"그렇게 하니 고기를 잡은 것이 심히 많아 그물이 찢어지는지라"(눅5:6).

베드로가 자신의 힘으로 고기를 잡으러 나갔다면 또 다시 실패할 수 있습니다. 어쩌다가 운 좋은 날을 만날지는 몰라도 그의 인생은 언제나 실패 가운데 두려워할 수밖에 없습니다. 그러나 예수님이 그와 함께 하시면, 주님이 그에게 말씀하시는 대로 순종하기만 하면 평생에 잡아보지 못한 만선의 기쁨을 얻게 되는 것입니다. 언제 또 다시 실패할지 모르는 두려움을 이기는 방법은 주님의 말씀에 순종하는 것입니다. 오직 예수님을 의지하고 그 분께 여러분의 삶을 맡기고 순종하며 살아갈 때 주님은 우리에게 기쁨을 충만히 채워주실 것입니다.

3. 더 나은 삶을 꿈꾸게 하십니다.

"세베대의 아들로서 시몬의 동업자인 야고보와 요한도 놀랐음이라 예수께서 시몬에게 이르시되 무서워하지 말라 이제 후로는 네가 사람을 취하리라 하시니"(눅5:10).

물고기 잡는 것에서 만족하는 인생이 아니라 훨씬 더 차원 높은 사람, 사람을 낚는 어부, 복음으로 영혼을 살리는 어부로 사용하시겠다는 것입니다. 우리의 삶에서 눈에 보이는 축복을 누리는 것보다 더 나은 삶이 있습니다. 그것은 바로 주님을 쫓아가는 삶입니다. 사명을 위해 사는 삶입니다. 베드로는 주님을 만난 후에 비로소 자신의 인생을 향한 하나님의 뜻을 발견한 것입니다.

인생에서 속도보다 더 중요한 것은 방향입니다. 빨리 가는 게 능사가 아니라 제대로 가는 것이 중요합니다. 실패한 인생이란 열심히 살아왔는데 잘못된 방향으로 사는 인생입니다. 정말 성공적인 인생을 사는 사람은 목숨을 걸어도 아깝지 않은 사명을 발견하고 하루를 살아도 사명대로 사는 사람입니다.

실패가 있고 문제가 있다고 낙심하지 말고 기도하시기 바랍니다. 하나님의 말씀에 순종하며 믿음으로 이겨내시기 바랍니다. 실패의 밤에 찾아오셔서 기쁨의 소망을 주시는 그 주님을 만나는 축복이 임하기를 바랍니다.

[피드백]

빈칸에 알맞은 단어는 무엇입니까?

1. "고난당한 것이 내게 □□이라 이로 말미암아 내가 주의 □□□을 배우게 되었나이다"(시119:71)

2. "말씀을 마치시고 시몬에게 이르시되 □□ □로 가서 그물을 내려 고기를 잡으라 시몬이 대답하여 이르되 선생님 우리들이 밤이 새도록 수고하였으되 잡은 것이 없지마는 □□에 의지하여 내가 그물을 내리리이다"(눅5:4~5)

3. "세베대의 아들로서 시몬의 동업자인 야고보와 요한도 놀랐음이라 예수께서 시몬에게 이르시되 □□□□□ 말라 이제 후로는 네가 □□을 취하리라 하시니"(눅5:10)

나눔과 적용

1. 내 인생에서 실패한 적이 있었는데, 그것이 유익이 된 적이 있다면 나누어 봅시다.
2. 베드로가 실패 후에 전환되어 큰 성공을 경험하게 된 이유는 무엇이었습니까?
3. 이전에는 몰랐다가 내가 예수님을 만난 후 발견한 더 큰 가치는 무엇입니까?
4. 말씀을 통해 새롭게 깨닫게 되었거나 받은 은혜를 나누어 봅시다.

제7주

한밤중에 찾은 진리

♣ 예배 가이드: *그리스도 안에서 거듭남과 그 열매가 무엇인지 알고, 복음이 모든 사람에게 필요함을 깨닫는 성도가 됩시다.*

▪ **본문** : 요한복음 3장 1~15절

▪ **찬송** : 285장, 289장

▪ **요절**

"니고데모가 이르되 사람이 늙으면 어떻게 날 수 있사옵나이까 두 번째 모태에 들어갔다가 날 수 있사옵나이까 예수께서 대답하시되 진실로 진실로 네게 이르노니 사람이 물과 성령으로 나지 아니하면 하나님의 나라에 들어갈 수 없느니라" (요3:4~5)

사람들은 변화를 원합니다. 변해야 한다고 여기저기에서 외치는 소리를 듣습니다. 변화를 원하는 사람은 많지만 정작 스스로 변화되는 사람은 드뭅니다.

왜 그럴까요? 변화는 다른 사람이 하는 것이지 자신이 하는 것은 아니라고 생각하기 때문입니다. 자신이 변화하기 위해서는 먼저 자기 자신을 돌아봐야 하고 자기 반성이 필요하지만 내 자신을 포기하지 않으니 변화가 일어나지 못하는 것입니다.

우리의 믿음은 어떻습니까? 예수님을 믿고 변화된 삶을 살아가고 계십니까?

요한복음 3장에 예수님이 반복적으로 강조하시는 말씀이 '사람이 반드시 거듭나야 한다'입니다. 신앙의 기본 진리는 거듭남입니다. 진짜 그리스도인의 삶은 거듭나면서부터 시작하는 것입니다.

1. '거듭남'이라는 것이 무엇입니까?

"예수께서 대답하여 이르시되 진실로 진실로 네게 이르노니 사람이 거듭나지 아니하면 하나님의 나라를 볼 수 없느니라"(요3:3).

'거듭남'이란 '다시 태어난다(Born again)'는 뜻입니다. 그러자 니고데모가 반문합니다.

"니고데모가 이르되 사람이 늙으면 어떻게 날 수 있사옵나이까 두 번째 모태에 들어갔다가 날 수 있사옵나이까"(요3:4).

'거듭난다'라는 단어의 원어를 살펴보면 '겐나오 아노텐'이라고 해서 '겐나오'는 '낳다, 출생하다'이고, '아노텐'은 '다시, 위로부터'라는 뜻을 가지고 있습니다. 즉 '위로부터 다시 태어난다'는 뜻입니다. 우리가 어머니의 배 속에서 태어날 때는 땅으로부터 태어났다면 예수님을 믿어 거듭난다는 것은 위로부터 태어나는 것, 하나님께서 우리를 거듭나게 하시는 것을 뜻합니다.

"우리를 구원하시되 우리가 행한 바 의로운 행위로 말미암지 아니하고 오직 그의 긍휼하심을 따라 중생의 씻음과 성령의 새롭게 하심으로 하셨나니"(딛3:5).

거듭난다는 것은 영적으로 거듭나는 것입니다. 우리 인간의 노력으로 가능한 것이 아닙니다. 오직 성령께서 역사하실 때에 거듭나게 됩니다.

2. 누가 거듭나야 하는 것입니까?

"그런데 바리새인 중에 니고데모라 하는 사람이 있으니 유대인의 지도자라"(요3:1).

니고데모는 율법을 목숨처럼 지켰던 바리새인이고 하나님의 말씀에 능통한 바리새인들을 가르치는 지도자였습니다. 말씀을 얼마나 많이 읽고 얼마나 잘 알고 있었겠습니까? 모든 유대인의 총애를 받고 있던 사람입니다. 그럼에도 그는 거듭난다는 것에 대해서는 알지 못했습니다. 거듭나야 하는 사람은 하나님을 모르는 사람이 아닙니다. 교회 안에서 신앙의 모든 모습과 모양을 갖추고 있지만 진짜 주님을 경험하지 못한 사람, 철저한 회개와 회심을 경험하지 못한 사람이 바로 거듭나야 할 대상자입니다.

40년 동안 종교생활을 하면서도 신앙생활에 감격이 없어 답답해하던 한 여인이 하나님을 더 잘 믿어보고자 수녀원에 들어갔습니다. 계율과 의무에 열중하였지만 그녀 마음의 공허는 여전했습니다. 어느 날 수녀원의 복도 벽에 걸린 예수님께서 헤롯왕의 뜰에서 채찍에 맞으시는 그림이 그녀의 눈에 들어옵니다. 늘 다니며 수없이 봤던 그림이었으나 그 날은 전혀 새로운 경이로 다가왔습니다. 거기서 여인은 자신을 위해 고난 받고 계신 사랑의 주님을 만났습니다. 순간 무릎을 꿇었고 긴 침묵이 흐른 후 다시 일어선 여인은 더 이상 옛 사람이 아니었습니다. 거듭남의 은혜를 체험한 것입니다. 이 여인이 바로 마더 테레사입니다.

3. 우리가 왜 거듭나야 하는 것입니까?

"예수께서 대답하여 이르되 진실로 진실로 네게 이르노니 사람이 거듭나지 아니하면 하나님의 나라를 볼 수 없느니라"(요3:3).

"예수께서 대답하시되 진실로 진실로 네게 이르노니 사람이 물과 성령으로 나지 아니하면 하나님의 나라에 들어갈 수 없느니라"(요3:5).

거듭나지 않으면 하나님의 나라, 천국에 들어가지 못합니다. '진실로 진실로'를 반복한 것도 반드시 거듭나야만 천국에 들어갈 수 있다는 것을 강조하신 것입니다. 그리고 '물과 성령으로 거듭난다'는 것은 참된 회개를 고백하고 오직 성령의 임재를 사모하는 것입니다.

"이는 그를 믿는 자마다 영생을 얻게 하려 하심이니라"(요3:15).

니고데모가 거듭나는 순간이 바로 이 순간이었습니다. 예수님을 만나 거듭남의 진리를 알게 되면서 이후 그의 삶은 어떻게 바뀌었을까요? 예수님의 무고함을 사람들에게 말하게 됩니다(요7:50~51). 아리마대 요셉과 함께 예수님의 장례를 치릅니다(요19:39~40).

한밤중에 사람들의 눈을 피해 왔던 바리새인 니고데모는 주님을 만나 거듭나면서 그리스도의 성품으로 새롭게 태어났고 자신이 그리스도인이라는 것을 담대히 증거하는 자가 되었습니다.

거듭난 성도는 늘 하나님 안에 거하고 하나님의 자녀이므로 주님의 뜻 가운데 살아야 합니다. 성경은 우리가 구원을 받은 것만큼이나 힘써 구원을 이루고 지키라고 말씀합니다. 거듭났다고 죄가 없는 게 아닙니다. 날마다 우리 자신을 십자가 보혈로 정결케 하고 오직 성령의 충만함으로 살아가는 성도가 되어야 합니다.

[피드백]

빈칸에 알맞은 단어는 무엇입니까?

1. "우리를 구원하시되 우리가 행한 바 의로운 □□로 말미암지 아니하고 오직 그의 긍휼하심을 따라 □□의 씻음과 성령의 □□□ 하심으로 하셨나니"(딛3:5)

2. "예수께서 대답하여 이르되 진실로 진실로 네게 이르노니 사람이 □□□□ 아니하면 하나님의 □□를 볼 수 없느니라"(요3:3)

3. "이는 그를 믿는 자마다 □□을 얻게 하려 하심이니라"(요3:15)

나눔과 적용

1. 나는 예수님의 보혈로 구원받아 거듭난 사람입니까?
2. 거듭난 이후에 나의 삶은 어떠한 변화를 경험했습니까?
3. 내 가족과 이웃 중에 물과 성령으로 거듭나야 하는 사람은 누가 있습니까?
4. 말씀을 통해 새롭게 깨닫게 되었거나 받은 은혜를 나누어 봅시다.

제8주

다섯 시에 온 일꾼

♣ 예배 가이드: *하나님의 공평하시고 긍휼히 여기시는 그 은혜로 우리가 구원을 받았습니다. 이 은혜를 바깥에 있는 사람들에게 전하는 성도가 됩시다.*

▪ **본문** : 마태복음 20장 1~16절

▪ **찬송** : 246장, 249장

▪ **요절**

"제 십일 시에도 나가보니 서 있는 사람들이 또 있는지라 이르되 너희는 어찌 하여 종일토록 놀고 여기 서 있느냐 이르되 우리를 품꾼으로 쓰는 이가 없음이니이다 이르되 너희도 포도원에 들어가라 하니라"(마20:6~7)

아침부터 저녁까지 하루 종일 열심히 일한 일꾼과 뒤늦게 와서 한 시간 밖에 일하지 않은 일꾼이 똑같은 품삯을 받았습니다. 이렇게 불공평한 일이 또 있을까요? 세상의 이치는 열심히 일하면 그만큼 대가를 받고 적게 일하면 적은 대가를 받는 것입니다. 그러나 하나님의 방법은 그렇지 않습니다. 먼저 된 자나 나중에 된 자나 하나님이 결정하십니다. 이 불공평해 보이는 비유의 말씀을 통하여 우리에게 공평하게 은혜를 베푸시는 하나님을 만나는 시간이 되길 바랍니다.

1. 하나님의 은혜는 공평한 은혜입니다.

세상에서는 정의로운 것과 공평한 것의 기준이 사람의 노력에 따라 정해집니다. 수고하고 헌신하고 희생한 것에 대한 대가를 받는 것이 정의롭고 공평하다고 말합니다. 그러나 하나님의 은혜는 그런 것이 아닙니다. 하나님의 구원의 은혜는 우리가 노력하고 수고하고 힘써서 얻을 수 있는 것이 아니라 전적인 하나님의 은혜입니다.

"너희는 그 은혜에 의하여 믿음으로 말미암아 구원을 받았으니 이것은 너희에게서 난 것이 아니요 하나님의 선물이라 행위에서 난 것이 아니니 이는 누구든지 자랑하지 못하게 함이라"(엡2:8~9).

그런데 내가 잘나서, 내가 노력해서, 내가 더 오래 주님을 믿어서 더 인정받아야 되고, 더 대가를 얻어야 한다고 생각하는 것은 하나님의 은혜를 잘못 알고 있는 것입니다. 이는 교회 안에서도 세상의 논리를 적용해서 하나님의 은혜보다 자신의 공로를 앞세우는 사람들의 모습입니다. 교회 안에서의 모든 수고와 헌신에 대한 보상은 하나님이 해 주시는 것입니다.

"그러나 내가 나 된 것은 하나님의 은혜로 된 것이니 내게 주신 그의 은혜가 헛되지 아니하여 내가 모든 사도보다 더 많이 수고하였으나 내가 한 것이 아니요 오직 나와 함께 하신 하나님의 은혜로라"(고전15:10).

"그러므로 내 사랑하는 형제들아 견실하며 흔들리지 말고 항상 주의 일에 더욱 힘쓰는 자들이 되라 이는 너희 수고가 주안에서 헛되지 않은 줄 앎이라"(고전15:58).

2. 하나님의 은혜는 긍휼하신 은혜입니다.

"제 십일 시에도 나가보니 서 있는 사람들이 또 있는지라 이르되 너희는 어찌하여 종일토록 놀고 여기 서 있느냐 이르되 우리를 품꾼으로 쓰는 이가 없음이니이다 이르되 너희도 포도원에 들어가라 하니라"(마20:6~7).

본문의 품꾼들 중에서 가장 큰 은혜를 입은 품꾼은 누구입니까? 제 십일 시(오후 5시)에 포도원에 들어온 일꾼입니다. 이들은 아침부터 저녁까지 장터에 나와 있었는데 아무도 자신들을 선택하지 않았습니다. 기회조차 주어지지 못한 불쌍한 사람들입니다. 그때 포도원 주인이 그들을 불러 일을 맡긴 것입니다. 한 시간이라도 일할 수 있게 한 것도 감사한데 일의 대가를 하루 종일 일한 사람과 똑같이 받았으니 이들은 평생 잊지 못할 은혜를 입게 된 것입니다.

예수님의 이 비유는 제자들로 하여금 먼저 온 자라고 착각하지 말고 주님의 은혜를 기다리며 주님으로부터 단 한 시간이라도 제대로 쓰임받기 원하는 갈급함을 가진 오후 5시의 품꾼들이 되라고 말씀하시는 것입니다. 수고하고 그 수고의 대가만을 받아 돌아가는 먼저 온 자들이 되겠습니까? 아니면 주님으로부터 긍휼의 은혜를 입어서 내 힘으로는 아무 것도 할 수 없어서 주님만 의지하여 도움을 받는 나중에 온 자들이 되겠습니까? 우리는 날마다 주님의 긍휼한 은혜를 구하는 오후 다섯 시에 온 일꾼들이 되어야 합니다.

"네 것이나 가지고 가라 나중 온 이 사람에게 너와 같이 주는 것이 내 뜻이니라 내 것을 가지고 내 뜻대로 할 것이 아니냐 내가 선하므로 네가 악하게 보느냐"(마20:14~15).

하나님의 뜻에 따르는 것이 여러분에게 불공평해 보입니까? 하나님은 왜 내 뜻대로 응답하지 않으시고, 이렇게 열심히 주를 섬기고, 오랫동안 기도하고 헌신했는데 내 뜻은 전혀 신경 쓰지 않으시는 것 같습니까? 나를 부르신 것도 하나님의 은혜요, 우리에게 천국의 소망을 주시는 것도 하나님의 은혜입니다.

그 하나님의 은혜를 깨닫기만 한다면 우리 하나님은 인색하고 불공평한 하나님이 아니라 항상 내가 필요한 것 이상으로 채워주시는 하나님이심을 깨닫게 될 것입니다.

"이와 같이 나중 된 자로서 먼저 되고 먼저 된 자로서 나중 되리라"(마20:16).

은혜를 기억하고 감사하는 자는 먼저가 되고, 은혜를 기억하지 못하고 원망하고 불평하는 자는 뒤로 옮겨집니다. 모든 것은 하나님으로부터 왔습니다. 하나님의 뜻에 순종하면 하나님은 반드시 우리의 필요를 충분히 채우시며 회복하시는 주님이심을 믿기 바랍니다.

[피드백]

빈칸에 알맞은 단어는 무엇입니까?

1. "너희는 그 □□에 의하여 □□으로 말미암아 구원을 받았으니 이것은 너희에게서 난 것이 아니요 하나님의 □□이라 행위에서 난 것이 아니니 이는 누구든지 자랑하지 못하게 함이라"(엡 2:8~9)

2. "제 십일 시에도 나가보니 서 있는 사람들이 또 있는지라 이르되 너희는 어찌하여 종일토록 놀고 여기 서 있느냐 이르되 우리를 □□으로 쓰는 이가 없음이니이다 이르되 너희도 □□□에 들어가라 하니라"(마20:6~7)

3. "그러나 내가 나 된 것은 하나님의 □□로 된 것이니 내게 주신 그의 □□가 헛되지 아니하여 내가 모든 사도보다 더 많이 수고하였으나 내가 한 것이 아니요 오직 나와 함께 하신 하나님의 □□로라"(고전15:10)

나눔과 적용

1. 공평하신 하나님께서 죄인인 나를 받아주신 은혜를 나는 알고 있습니까?
2. 하나님께서다른사람에게도은혜를주셔서함께천국을누리게하실것을믿습니까?
3. 아직하나님의천국비깥에있는사람을위해내가할수있는것은무엇입니까?
4. 말씀을 통해 새롭게 깨닫게 되었거나 받은 은혜를 나누어 봅시다.

제9주

무리에서 제자로

♣ 예배 가이드: *많은 사람이 주님을 구경하며 단순한 무리로 끝나 버렸지만, 주님은 우리를 제자로 부르셨습니다. 참된 제자로서 주님을 따르는 성도가 됩시다.*

▪ **본문** : 마태복음 5장 1~2절

▪ **찬송** : 218장, 455장

▪ **요절**

"예수께서 무리를 보시고 산에 올라가 앉으시니 제자들이 나아온지라 입을 열어 가르쳐 이르시되" (마 5:1~2)

신약성경의 사복음서에는 주님께서 하셨던 말씀이 많이 기록되어 있는데 그 중에서도 예수님의 핵심설교를 모은 곳이 바로 마태복음 5장에서 7장까지의 산상수훈의 말씀입니다. 예수님은 이 말씀을 통해 이 땅에서 그리스도인이 어떻게 살아가야 하는지를 알려주십니다.

세상 사람들과 똑같이 살아서는 절대로 그리스도인으로서 살아갈 수 없습니다. 그리스도인은 세상과 복을 받는 방법도 다르고, 사는 목적도 다르고, 사는 방법도 다르고, 삶에서 추구하는 가치관도 다른 사람입니다. 왜냐하면 예수님이 그렇게 사셨기 때문입니다.

그러기에 예수님의 말씀을 읽거나 듣는 것에서 끝나지 말고 우리의 삶을 변화시키는 능력의 말씀으로 적용해야 합니다.

"예수께서 무리를 보시고 산에 올라가 앉으시니 제자들이 나아온지라"(마 5:1).

본문에 나오는 무리와 제자의 차이가 무엇일까요?

1. 무리와 제자의 관심은 다릅니다.

"갈릴리와 데가볼리와 예루살렘과 유대와 요단 강 건너편에서 수많은 무리가 따르니라"(마4:25).

왜 그들은 예수님께 나왔습니까? 이 무리의 관심은 무엇입니까? 자신들의 문제를 해결받기 위해 나온 것입니다. 예수님이 누구신지, 왜 오셨는지에는 관심이 없고 그저 주님이 행하시는 기적에만 관심이 있었습니다.

그러나 우리의 관심은 바로 예수님 자체가 되어야 합니다. 능력이 중요한 것이 아니라 그 능력을 행하시는 주님을 봐야 합니다.

"예수께서 이르시되 너는 나를 본 고로 믿느냐 보지 못하고 믿는 자들은 복되도다 하시니라"(요20:29).

믿음이 무엇입니까? 보이지 않는 것을 보는 것이 믿음입니다.

"믿음은 바라는 것들의 실상이요 보이지 않는 것들의 증거니"(히11:1).

제자는 주님을 보는 사람입니다. 환경과 상황을 보고 믿음이 흔들리고 나에게 베풀어주신 응답을 보고 주님을 믿는 것이 아니라 어떠한 환경에서도 주님만 바라보고 주님만 따르는 자가 바로 제자인 것입니다.

2. 무리와 제자의 자리가 다릅니다.

"예수께서 무리를 보시고 산에 올라가 앉으시니 제자들이 나아온지라"(마5:1).

예수님이 산 위에서 말씀을 시작하실 때 제자들이 앞으로 나왔습니다. 무리와 제자는 분명한 구분이 있습니다. 예수님의 말씀을 듣던 무리들은 듣다가 뒤로 도망가고 사라질 수 있지만 예수님 앞에 나온 제자들은 주님이 말씀하실 때에 함께 있고 주님이 가시는 곳에 함께 가는 사람들입니다.

"무리와 제자들을 불러 이르시되 누구든지 나를 따라오려거든 자기를 부인하고 자기 십자가를 지고 나를 따를 것이니라"(막8:34).

제자는 자기를 부인하고 자기 십자가를 지고 주님 곁으로 오는 자입니다. 아직도 우리가 무리의 모습으로 있다면 그 자리에서 제자의 자리로 나와야 합니다.

주님은 무리를 부르신 것이 아니라 제자를 부르십니다. 우리는 그 부르심에 합당한 제자가 되어야 합니다. 우리 삶의 자세가 제자의 자세로 살아가야 합니다.

3. 무리와 제자의 방향이 다릅니다.

무리는 관객이지만 제자는 주님과 함께 경기를 뛴 선수입니다. 무리로 살아간다면 당장은 편하고 쉽습니다. 그저 세상의 흐름에 떠밀려 살아가면 되기 때문입니다. 그러나 바울은 이렇게 말합니다.

"너희는 이 세대를 본받지 말고 오직 마음을 새롭게 함으로 변화를 받아 하나님의 선하시고 기뻐하시고 온전하신 뜻이 무엇인지 분별하도록 하라"(롬12:2).

제자로 살아가려면 복에 대한 방향이 달라야 합니다. 세상의 기준과 세상의 방법으로 살아가는 것이 복 받는 삶이 아니라 주님의 기준과 주님이 주시는 은혜로 살아가는 것이 진짜 복 받는 삶임을 믿으시기 바랍니다. 내가 드러나고 내가 자랑이 되는 것이 아니라 소금과 같이 세상 가운데 녹아져서 그리스도의 맛을 내는 것이 제자의 삶입니다.

"좁은 문으로 들어가라 멸망으로 인도하는 문은 크고 그 길이 넓어 그리로 들어가는 자가 많고 생명으로 인도하는 문은 좁고 길이 협착하여 찾는 자가 적음이라"(마7:13~14).

참된 제자는 진리의 말씀이 내 안에서 빛이 되어 순종이 되는 성도입니다. 성령께서 우리를 도와주실 것입니다. 성령께서 우리로 말씀을 깨닫게 하시고 기억나게 하시고 이끌어주실 것입니다. 무리에서 제자로 삶의 방향이 변화되어 놀라운 축복과 은혜 가운데 살아가기 바랍니다.

[피드백]

빈칸에 알맞은 단어는 무엇입니까?

1. "믿음은 바라는 것들의 □□이요 보이지 않는 것들의 □□니"(히11:1)

2. "무리와 제자들을 불러 이르시되 누구든지 나를 따라오려거든 자기를 □□하고 자기 □□□를 지고 나를 따를 것이니라"(막8:34)

3. "너희는 이 세대를 본받지 말고 오직 마음을 새롭게 함으로 □□를 받아 하나님의 선하시고 기뻐하시고 온전하신 뜻이 무엇인지 □□하도록 하라"(롬12:2)

나눔과 적용

1. 사람들은 예수님을 믿을 때 관심사가 모두 다른데, 나의 관심은 무엇입니까?
2. 지금까지 제자로 살아가며 자기를 부인하고 주의 말씀을 따른 적이 있습니까?
3. 앞으로 제자로 살아가기 위해 바뀌어야 할 영역이 있다면 무엇입니까?
4. 말씀을 통해 새롭게 깨닫게 되었거나 받은 은혜를 나누어 봅시다.

제10주

가난한 자가 복이 있나니

♣ 예배 가이드: *나의 무능함과 죄악됨을 알고 하나님 앞에 나오는 그 사람이 심령이 가난한 사람이며, 이러한 사람에게 하나님은 천국을 약속하셨음을 믿는 성도가 됩시다.*

▪ **본문** : 마태복음 5장 3~12절

▪ **찬송** : 438장, 540장

▪ **요절**

"심령이 가난한 자는 복이 있나니 천국이 그들의 것임이요" (마 5:3)

'대한민국 1퍼센트 부자는 행복할까'라는 신문기사를 보면 대한민국 1퍼센트의 부자, 즉 한 달 가구 소득이 3천만 원이 넘는 이들의 행복지수는 3.37퍼센트로, 100명 중에 소득은 1등이지만 행복은 20등 정도라고 합니다. 세상을 살아갈 때 반드시 물질이 필요하지만 물질이 많다고 해서 행복하거나 복을 받았다라고 말할 수 있는 것은 아닙니다.

본문에는 팔복 중에 첫 번째 복인 '가난한 자가 복이 있다'라는 말씀을 통해 신앙의 관점에서 복이 무엇인지, 어떻게 해야 복을 받는 삶인지 알아봅시다.

1. 무엇이 가난해야 합니까?

'가난하다'라는 말은 문자 그대로 '궁핍하다'라는 의미입니다. 궁핍하다는 것은 무언가를 필요로 한다는 것입니다. 그렇다면 '심령이 가난하다'는 말은 무엇을 뜻하는 것일까요? 외적인 위로와 내적인 위로가 결핍되어 있는 상태를 뜻합니다. 외적으로 그의 삶 속에서 매일 매일 하나님의 인도하심을 필요로 하는 것이고, 내적으로 자기 자신이 죄인이라는 사실을 인정하는 것입니다. 나는 악하고 불의한 자이지만 오직 예수 그리스도로 인하여 그분이 나를 구원하셔야지만 살 수 있다고 고백하는 사람이 바로 심령이 가난한 자입니다.

종교개혁자 장 칼뱅은 "심령이 가난한 자는 그 자신 안에서는 아무것도 발견할 수 없어 자비를 구하기 위해 성소로 달려가는 사람을 말한다"라고 했습니다.

"두 사람이 기도하러 성전에 올라가니 하나는 바리새인이요 하나는 세리라 바리새인은 서서 따로 기도하여 이르되 하나님이여 나는 다른 사람들 곧 토색, 불의, 간음을 하는 자들과 같지 아니하고 이 세리와도 같지 아니함을 감사하나이다 나는 이레에 두 번씩 금식하고 또 소득의 십일조를 드리나이다 하고 세리는 멀리 서서 감히 눈을 들어 하늘을 쳐다보지도 못하고 다만 가슴을 치며 이르되 하나님이여 불쌍히 여기소서 나는 죄인이로소이다 하였느니라"(눅18:10~13).

바리새인과 세리의 기도에서 누가 심령이 가난한 자입니까? 바로 세리가 심령이 가난한 자입니다. 오늘도 하나님의 은혜를 구하기 위해 성전으로 달려가는 심령이 가난한 성도가 되시기를 바랍니다.

2. 심령이 가난한 자는 누구입니까?

'가난하다'는 말의 원어는 '프토카스라'라고 하고 그 의미는 '자신의 신분을 알리는 것조차 부끄러워하는 거지'입니다. 아무 것도 할 수 없어 다른 사람에게 의지할 수밖에 없는 가난한 자입니다. 심령이 가난한 자는 자신의 무능함을 알고 하나님만 의지하는 사람입니다. 이러한 사람은 자신의 가난함을 감추는 것이 아니라 하나님 앞에서 연약함을 솔직하게 고백하는 사람입니다. 사도 바울도 고백합니다.

"오호라 나는 곤고한 사람이로다 이 사망의 몸에서 누가 나를 건져내랴"(롬7:24).

주님의 산상수훈 팔복의 첫 번째 시작은 자기 자신이 얼마나 가난한 자인지를 깨닫는 것에서 시작됩니다. 심령이 가난해야 애통할 수 있고, 온유할 수 있고, 의에 주리고 목마를 수 있기 때문입니다. 심령이 가난한 자의 반대말은 심령이 풍족한 자가 아니라 교만한 자입니다. 교만은 하나님이 없어도 살 수 있다고 생각하는 것입니다.

여러분은 갈급한 상황 속에서 하나님을 찾고 있습니까? 매일의 삶 가운데 하나님의 인도하심이 없이는 살 수 없어서 기도하고 하나님께 도움을 구하고 살아가고 있습니까? 하나님께 내 심령의 가난함을 고백하고 채움을 받을 때 그것이 축복입니다.

"사람의 행위가 자기 보기에는 모두 정직하여도 여호와는 마음을 감찰하시느니라"(잠21:2).

"눈이 높은 것과 마음이 교만한 것과 악인이 형통한 것은 다 죄니라"(잠21:4).

3. 가난한 자가 받는 복은 무엇일까요?

"심령이 가난한 자는 복이 있나니 천국이 그들의 것임이요"(마5:3).

우리가 예수님을 믿는 목적이 무엇입니까? 우리가 왜 신앙생활을 하고 있습니까? 천국에 가기 위함입니다. 주님이 주시는 많은 축복이 있지만 반드시 받아야 하는 복이 바로 천국입니다.

우리는 예수 그리스도로 인해 구원을 받은 사람들이기에 이 땅에서 살아갈 때도 천국 백성으로 살아가야 합니다. 천국백성의 모습은 어떤 모습입니까? 바로 심령이 가난한 자로 살아가는 것, 날마다 하나님의 은혜를 구하며 살아가는 가난한 자들, 주님께 자신의 연약함을 고백하는 자들이 바로 천국백성의 모습입니다.

"그러므로 내가 그리스도를 위하여 약한 것들과 능욕과 궁핍과 박해와 곤고를 기뻐하노니 이는 내가 약한 그 때에 강함이라"(고후12:10).

우리가 천국에 들어갈 수 있는 유일한 근거는 소유가 아니라 가난입니다. 주님 앞에서 내가 잘하는 것, 내가 가진 것, 내가 한 것들을 늘어놓는 것보다 더 우선되어야 할 것은 나의 무가치함을 깨닫는 회개가 필요한 것입니다.

나의 나 된 것은 오직 하나님의 은혜라 고백하면서 심령이 가난한 자로 오늘도 하나님의 은혜를 구하는 자, 나의 연약함을 통하여 하나님의 강하심을 드러내는 성도가 될 때에 우리는 천국을 소유한 하나님의 백성으로 살아가게 됨을 믿으시기 바랍니다.

[피드백]

빈칸에 알맞은 단어는 무엇입니까?

1. "사람의 행위가 자기 보기에는 모두 □□하여도 여호와는 □□을 감찰하시느니라"(잠21:2)

2. "심령이 □□한 자는 복이 있나니 □□이 그들의 것임이요"(마5:3)

3. "그러므로 내가 그리스도를 위하여 □□ 것들과 능욕과 궁핍과 박해와 곤고를 기뻐하노니 이는 내가 □□ 그 때에 강함이라"(고후12:10)

나눔과 적용

1. 심령이 가난하다고 하는 것은 어떤 상태이며 어떤 결과를 가져오는 것입니까?
2. 어떠한 삶이 천국백성으로서 하나님께 도움을 구하는 삶이라고 말씀합니까?
3. 심령이 가난한 사람이 받게 될 선물은 하나님 안에서 어떻게 됩니까?
4. 말씀을 통해 새롭게 깨닫게 되었거나 받은 은혜를 나누어 봅시다.

제11주

애통하는 자가 복이 있나니

♣ **예배 가이드:** *성경에서 가르치시는 애통함의 본질과 원인을 알며, 애통한 자가 받게 될 복을 깨달아 하나님 앞에서 참된 애통을 하는 성도가 됩시다.*

▪ **본문** : 마태복음 5장 3~12절

▪ **찬송** : 91장, 458장

▪ **요절**

"애통하는 자는 복이 있나니 그들이 위로를 받을 것임이요" (마 5:4)

살면서 크게 울어본 적이 있습니까? 큰 슬픔이나 어려움을 겪게 될 때 우리는 눈물을 흘립니다. 그래서 우는 것을 좋아하는 사람도 없고, 울 만한 일을 원하는 사람은 더욱 없을 것입니다. 사람들은 울 일보다 웃을 일을 더 원합니다. 슬픔보다 행복을 더 원합니다. 그래서 웃으면 복이 온다고 말합니다. 그러나 성경에서는 울면 복이 온다고 말씀합니다. '애통하다'라는 말은 '곡하다, 탄식하다'의 뜻으로 가슴이 찢어지도록 우는 모습입니다. 이 애통함이 어떻게 축복이 될 수 있을까요?

1. 무엇이 애통한가?

애통의 원인이 무엇일까요? 고통의 시작이 어디일까요? 바로 인간의 죄입니다. 그러나 사람들은 애통의 원인을 환경, 상황, 타인에게 돌립니다. 그래서 환경이 좋아지면 돈을 벌고 출세하면 애통할 것도 없다고 생각합니다. 하지만 우리의 삶에는 늘 고통과 눈물이 있습니다. 그것은 죄악된 인간 안에는 애통함을 없앨 수 있는 능력이 없기 때문입니다. 이 애통의 문제를 가지고 주님 앞에 회개하며 용서를 구해야 합니다. 우리가 겪는 고통의 문제보다 먼저 우리의 죄 때문에 더 애통해야 합니다.

"무릇 나는 내 죄과를 아오니 내 죄가 항상 내 앞에 있나이다"(시51:3).

다윗이 괴로운 것은 심판 때문이 아니라 하나님께 지은 죄 때문에 괴로워했습니다.

누가복음 15장에 나오는 탕자가 집에 돌아와 아버지께 어떻게 회개합니까?

"아들이 이르되 아버지 내가 하늘과 아버지께 죄를 지었사오니 지금부터는 아버지의 아들이라 일컬음을 감당하지 못하겠나이다 하나"(눅15:21).

인간의 모든 고통과 눈물의 원인은 죄와 사망의 문제입니다. 따라서 그 고통과 눈물의 원인을 해결해 주실 수 있는 분은 오직 예수 그리스도밖에 없음을 깨달아야 합니다. 그 애통함이 주님을 만나게 하고 그 애통함으로 인해 주님께 더 가까이 간다면 복된 애통이 되는 것입니다.

2. 애통의 목적은 무엇인가?

"눈물 젖은 빵을 먹어보지 못한 사람과는 인생을 얘기하지 말라."라는 괴테의 명언이 있습니다. 눈물과 고통의 시간을 겪은 사람이야말로 진짜 인생을 살았다고 얘기할 수 있다는 것입니다. 신앙에서도 깊이 있는 신앙은 애통의 시간을 겪은 신앙일 것입니다. 욥이 뜻하지 않은 환난을 당하고 애통의 시간을 겪은 뒤에야 비로소 고백합니다.

"내가 주께 대하여 귀로 듣기만 하였사오나 이제는 눈으로 주를 뵈옵나이다"(욥42:5).

바울도 애통의 시간을 겪었습니다. 하지만 그 속에서 죄를 용서하시는 하나님의 은혜를 경험하게 됩니다.

"미쁘다 모든 사람이 받을 만한 이 말이여 그리스도 예수께서 죄인을 구원하시려고 세상에 임하셨다 하였도다 죄인 중에 내가 괴수니라"(딤전1:15).

애통해야지 우리는 하나님을 경험할 수 있습니다. 신앙생활의 진정한 시작은 자기 자신이 얼마나 큰 죄인인지를 깨닫고 애통하는 것부터

입니다. 죄에 대한 애통이 없이는 진정한 회개에 이를 수 없습니다. 자신의 죄 때문에 울어본 사람이 다른 사람의 죄를 위해서도 울 수 있습니다. 애통함으로 회개에 이를 수 있고, 애통하면 할수록 하나님의 은혜를 더욱 가까이 경험할 수 있습니다.

"너희는 옷을 찢지 말고 마음을 찢고 너희 하나님 여호와께로 돌아올지어다 그는 은혜로우시며 자비로우시며 노하기를 더디하시며 인애가 크시사 뜻을 돌이켜 재앙을 내리지 아니하시나니"(욜2:13).

3. 애통의 복은 무엇인가?

"애통하는 자는 복이 있나니 그들이 위로를 받을 것임이요"(마5:4).

힘든 일을 겪는 사람들에게 우리는 흔히 시간이 지나면 해결될 거라 말합니다. 슬픔은 세월이 지나면 잊힐 수 있고 아픔은 시간이 지나면 감소될 수 있지만 그것은 올바른 치유가 아닙니다. 확실한 회복이 아니기 때문입니다. 주님이 주시는 위로는 회복을 전제로 하는 위로입니다. 주님이 주시는 하늘로부터 임하는 위로는 하나님이 함께 하시고 하나님이 내 편이 되어 주시는 것입니다.

'위로'의 헬라어가 '파라클레오'이고 같은 어원을 가진 단어가 '파라클레토스(보혜사)'입니다. 보혜사는 바로 성령님입니다. 애통하는 자가 받는 복은 바로 성령 하나님이 그와 함께 하시고 위로하시고 도와주시는 것입니다.

말로만 하는 위로가 아니라 실질적인 위로, 눈물만 닦아주는 것이 아니라 기쁨이 되게 하시는 위로, 마음의 위안만 주는 것이 아니라 풍성하게 채워주시는 위로가 바로 하나님이 주시는 위로입니다.

그래서 우리는 애통하면 할수록 더욱 잘 되는 축복이 있는 것입니다. 애통하는 자에게 하나님께서 위로를 주심을 믿고 이 위로를 얻기 위해 오늘도 애통함으로 기도해야 합니다.

"나의 유리함을 주께서 계수하셨사오니 나의 눈물을 주의 병에 담으소서 이것이 주의 책에 기록되지 아니하였나이까"(시56:8).

우리의 눈물의 기도가 하나님의 병에 찰 때까지 우리는 애통하며 기도해야 합니다. 그래야 하나님의 복이 임합니다.

[피드백]

빈칸에 알맞은 단어는 무엇입니까?

1. "아들이 이르되 아버지 내가 하늘과 아버지께 □를 지었사오니 지금부터는 아버지의 □□이라 일컬음을 감당하지 못하겠나이다 하나"(눅15:21)

2. "너희는 옷을 찢지 말고 □□을 찢고 너희 하나님 여호와께로 돌아올지어다 그는 □□로우시며 □□로우시며 노하기를 더디하시며 □□가 크시사 뜻을 돌이켜 재앙을 내리지 아니하시나니"(욜2:13)

3. "나의 유리함을 주께서 계수하셨사오니 나의 □□을 주의 병에 담으소서 이것이 주의 책에 기록되지 아니하였나이까"(시56:8)

나눔과 적용

1. 내가 현재 애통하는 것의 원인은 무엇이며, 또 그 해결책은 무엇입니까?
2. 내가 하나님께 애통함으로 고백해야 할 가장 큰 이유는 무엇입니까?
3. 문제가있을때어떻게해야참된치유와확실한위로의회복을경험합니까?
4. 말씀을 통해 새롭게 깨닫게 되었거나 받은 은혜를 나누어 봅시다.

제12주

힘 있는 온유

♣ **예배 가이드:** *내가 주인이 아닌, 주님이 주인 되시는 참된 온유를 위하여 훈련하며 순종하는 사람에게 주시는 복을 누리는 성도가 됩시다.*

▪ **본문** : 마태복음 5장 3~12절

▪ **찬송** : 187장, 529장

▪ **요절**

"온유한 자는 복이 있나니 그들이 땅을 기업으로 받을 것임이요" (마 5:5)

야구공을 던질 때 잘 던지겠다고 온 몸에 힘이 들어가면 공은 이상한 곳으로 날아갑니다. 온 몸의 힘은 빼고 공을 던지는 그 순간에 힘이 들어가야 하는 곳에만 정확하게 힘을 주면 원하는 방향으로 공을 던질 수 있습니다. 자신의 힘을 컨트롤 할 수 있는가에 실력이 나타나게 되고 이것이 프로와 아마추어의 차이일 것입니다.

'온유하다'는 말은 헬라어로 '프라우스'라는 단어를 사용합니다. 이는 '친절한, 겸손한'의 뜻으로 그 의미는 '절제된 힘, 다스리는 힘'입니다. 가지고 있는 힘을 잘 조절하여 그것이 좋은 성품으로 나타날 때에 온유한 사람이 되는 것입니다.

1. 온유는 훈련되어야 합니다.

성경에 나오는 인물 중에 온유함의 대표 인물은 모세라고 할 수 있습니다.

"이 사람 모세는 온유함이 지면의 모든 사람보다 더하더라"(민12:3).

이스라엘 백성이 광야생활 40년간 얼마나 모세를 힘들게 했습니까? 모세도 중간에 그만두고 싶었을 것입니다. 하지만 하나님이 부르실 때까지 하나님이 맡기신 자리에서 사명을 다했습니다. 사실 모세의 옛날

성격은 온유하지 않았습니다. 애굽의 왕자였을 때 자기가 가진 힘을 마음대로 쓰며 살았고 결국 살인자가 되어 미디안 광야로 도망갑니다. 하나님은 그를 광야로 내모신 후 길들이셨습니다. 광야 40년의 세월동안 힘을 절제하고 하나님의 인도하심을 바라보는 자, 온유한 자로 훈련시키신 것입니다.

온유는 하루아침에 이루어지는 것이 결코 아닙니다. 훈련되는 것입니다. 내 안에 옛날 모습 그대로 혈기, 화, 분노가 있다면 그런 것들은 성령의 불로 태워지고, 모난 부분들은 말씀으로 깨어지고, 더렵혀진 부분들은 예수님의 보혈로 깨끗하게 씻어져야 합니다. 그래야 온유한 성품을 가질 수 있습니다. 내 힘으로 사는 것이 아니라 하나님이 도와주셔야지 살 수 있다, 세상에 길들여져 살아가던 자가 하나님께 길들임을 받는 것이 온유입니다.

2. 온유는 순종으로 나타납니다.

온유한 사람은 착한 사람이 아닙니다. 화를 내지 않는 사람이 아닙니다. 온유한 사람의 처음 행동은 하나님께 복종하는 것입니다. 하나님의 말씀에 순종하고 하나님의 성품을 닮아가는 사람, 하나님의 길을 따르는 자가 온유한 자입니다.

"모든 겸손과 온유로 하고 오래 참음으로 사랑 가운데서 서로 용납하고 평안의 매는 줄로 성령이 하나되게 하신 것을 힘써 지키라"(엡4:2~3).

성령이 그 안에 거하는 사람은 내가 나를 다스리는 것이 아니라 성령이 나를 다스리기 때문에 온유할 수 있습니다.

"조금 나아가사 얼굴을 땅에 대시고 엎드려 기도하여 이르시되 내 아버지여 만일 할만하시거든 이 잔을 내게서 지나가게 하옵소서 그러나 나의 원대로 마시옵고 아버지의 원대로 하옵소서 하시고"(마26:39).

주님이 온유하신 것은 하나님의 뜻에 순종하셨기 때문입니다. 온유한 자는 어떠한 상황 속에서도 하나님을 절대적으로 신뢰하는 사람입니다. 고통과 고난이 온다할지라도 감정에 흔들리지 않고 상황이나 환경에 좌지우지되지 않는 사람입니다. 어떤 경우에도 하나님을 신뢰하고 하나님의 일하심을 믿고 기다리며 참는 자가 바로 온유한 자입니다. 그래서 온유는 단순한 성품이 아니라 하나님께 순종하고 하나님께 맡겨버리는 믿음의 영성인 것입니다.

3. 온유한 자는 땅을 기업으로 받습니다.

"온유한 자는 복이 있나니 그들이 땅을 기업으로 받을 것임이요"(마5:5).

영어성경에는 '땅'을 'The earth(지구)'라고 썼습니다. 땅을 주시겠다는 것은 통치권을 주신다, 다스리는 권세를 주신다는 의미가 되는 것입니다. 온유한 자가 받는 복은 단순히 거주할 땅만 주시는 것이 아니라 이 땅에서 우리가 살아갈 때 필요한 모든 것을 책임져 주신다는 뜻이요, 영원히 거할 그 땅 천국을 허락해주신다는 것입니다. 아무리 세상이 흉흉하고 힘들고 온유를 깨뜨리는 여러 가지 시험이 온다 해도 하나님이 주시는 땅을 기업으로 얻기 위해 모든 것을 주님께 맡기고 내 안에 있는 온유함을 지켜 반드시 복을 받기 바랍니다.

온유한 자는 약한 자가 아닙니다. 오히려 강한 자입니다. 온유하기 위해서는 절제할 힘이 필요합니다. 다스릴 힘이 필요합니다. 참을 수 있는 힘이 필요합니다. 끝까지 온유한 자는 그 안에서 역사하시는 하나님의 능력이 나타나게 됩니다.

예수님도 온유하신 분이셨습니다. 온유하심으로 십자가의 모든 고통을 이겨내셨습니다. 우리도 내 안의 온유함을 지켜 하나님이 온유한 자에게 주시는 축복, 모든 것을 부족함 없이 채워주시는 축복을 받는 성도가 되길 바랍니다.

[피드백]

빈칸에 알맞은 단어는 무엇입니까?

1. "이 사람 모세는 □□□이 지면의 모든 사람보다 더하더라"(민 12:3)

2. "모든 겸손과 □□로 하고 오래 참음으로 사랑 가운데서 서로 □□하고 평안의 매는 줄로 성령이 □□되게 하신 것을 힘써 지키라"(엡4:2~3)

3. "조금 나아가사 얼굴을 땅에 대시고 엎드려 기도하여 이르시되 내 아버지여 만일 할만하시거든 이 잔을 내게서 지나가게 하옵소서 그러나 □□ 원대로 마시옵고 □□□□ 원대로 하옵소서 하시고"(마26:39)

나눔과 적용

1. 내 삶에 온유를 깨트릴만한 큰일을 겪었다면 어떤 일이 있습니까?
2. 온유를 이루기 위해 정리되어야 할 옛 성품이 있다면 무엇입니까?
3. 온유한 성품을 따르기 위해서 나에게 필요한 결단은 무엇입니까?
4. 말씀을 통해 새롭게 깨닫게 되었거나 받은 은혜를 나누어 봅시다.

[종려주일]

제13주

호산나, 다윗의 자손이여!

♣ 예배 가이드: *겸손하게 나귀를 타신 왕, 우리의 모든 죄를 용서하실 소망의 왕, 우리를 위해 십자가 구속을 이루신 예수님을 찬양하는 성도가 됩시다.*

▪ **본문** : 마태복음 21장 1~11절

▪ **찬송** : 31장, 37장

▪ **요절**

"무리의 대다수는 그들의 겉옷을 길에 펴고 다른 이들은 나뭇가지를 베어 길에 펴고 앞에서 가고 뒤에서 따르는 무리가 소리 높여 이르되 호산나 다윗의 자손이여 찬송하리로다 주의 이름으로 오시는 이여 가장 높은 곳에서 호산나 하더라" (마21:8~9)

한 사람을 표현하는데 다양한 호칭이 사용됩니다. 성경에서 예수님의 호칭에는 어떤 것들이 있을까요? 메시아, 그리스도, 나사렛 예수, 주님, 하나님의 아들, 인자, 랍비, 다윗의 자손 등입니다. 그 중 다윗의 자손이라는 말은 무슨 뜻일까요?

"아브라함과 다윗의 자손 예수 그리스도의 계보라"(마1:1).

다윗의 자손은 영어로 'the Son of David'입니다. 다윗은 이스라엘의 가장 위대한 왕입니다. 그래서 다윗의 자손은 왕의 아들, 즉 왕의 자손이 되어 예수님을 왕이라 부르는 것입니다. 예수님이 예루살렘에 입성하실 때 수많은 사람들이 나와서 종려나무 가지를 길에 펴고 손을 흔들며 주님을 향해 외칩니다. "앞에서 가고 뒤에서 따르는 무리가 소리 높여 이르되 호산나 다윗의 자손이여 찬송하리로다…"(마21:9).

자신들의 왕은 헤롯도 아니고 저 로마의 황제도 아닌 바로 예수님이 자신들의 왕이심을 고백하는 것입니다. 예수님이 어떤 왕이시기에 호산나 다윗의 자손이라고 부를 수 있을까요?

1. 예수님은 겸손의 왕이십니다.

"시온 딸에게 이르기를 네 왕이 네게 임하나니 그는 겸손하여 나귀 곧 멍에 메는 짐승의 새끼를 탔도다 하라 하였느니라"(마21:5).

예수님은 입성하시기 전 제자들에게 맞은 편 마을로 가서 나귀와 나귀새끼를 끌고 오라고 하십니다. 보통 나귀는 사람이 타기 위한 것이 아니라 짐을 나를 때 씁니다. 예수님은 왜 나귀를 끌고 오라고 하셨을까요? "만일 누가 무슨 말을 하거든 주가 쓰시겠다 하라 그리하면 즉시 보내리라 하시니 이는 선지자를 통하여 하신 말씀을 이루려 하심이라 일렀으되"(마21:3~4).

선지자를 통해 하신 말씀은 무엇입니까?

"시온의 딸아 크게 기뻐할지어다 예루살렘의 딸아 즐거이 부를지어다 보라 네 왕이 네게 임하시나니 그는 공의로우시며 구원을 베푸시며 겸손하여서 나귀를 타시나니 나귀의 작은 것 곧 나귀 새끼니라"(슥9:9).

주님이 나귀를 타신 이유는 겸손의 왕으로 오셨기 때문입니다. 주님이 겸손의 왕으로 오셨기 때문에 평범한 사람들, 죄인들, 어느 누구라도 주님 앞에 담대하게 나아갈 수 있습니다. 주님은 스스로 낮아지셨고 건강한 자가 아닌 병든 자를 위해 오셨고 의인이 아닌 죄인을 부르러 오셨다고 말씀하셨습니다. 우리 안에 어떤 연약함, 부족함, 열등감이 있습니까? 주님께 나오시기 바랍니다. 예수님께 나오면 주님이 우리를 붙잡아 주시고 세워주십니다.

2. 예수님은 소망의 왕이십니다.

"무리의 대다수는 그들의 겉옷을 길에 펴고 다른 이들은 나뭇가지를 베어 길에 펴고 앞에서 가고 뒤에서 따르는 무리가 소리 높여 이르되 호산나 다윗의 자손이여 찬송하리로다 주의 이름으로 오시는 이여 가장 높은 곳에서 호산나 하더라"(마21:8~9).

당시 사람들이 자신의 겉옷을 길에 펴는 것은 왕에 대한 충성을 나타내는 것입니다. 자신들의 모든 것을 주님께 맡긴다는 뜻입니다. 당시 억압받던 이스라엘 백성들에게 메시아 예수 그리스도는 소망이요 기쁨이었습니다. 그러기에 호산나 다윗의 자손을 찬송하고 있는 것입니다. "우리 주 예수 그리스도의 아버지 하나님을 찬송하리로다 그의 많으신 긍휼대로 예수 그리스도를 죽은 자 가운데서 부활하게 하심으로 말미암아 우리를 거듭나게 하사 산 소망이 있게 하시며"(벧전1:3).

"수고하고 무거운 짐 진 자들아 다 내게로 오라 내가 너희를 쉬게 하리라"(마11:28).

주님은 이 땅에 소망의 왕으로 오셨습니다. 그 분을 맞이하는 자, 그 분을 내 삶의 왕으로 모시는 자는 소망하는 기도의 제목, 삶의 문제, 고통의 문제가 다 해결됩니다. 세상의 소망이 전부라고 알고 믿고 살던 사람이 주님을 만나면 천국의 소망을 갖게 됩니다.

3. 예수님은 십자가의 왕이십니다.

지금 예수님께서 예루살렘에 입성하신 것은 곧 십자가를 지시고 모욕과 핍박을 받으며 죽기 위해 가시는 것입니다. 그래서 종려주일은 곧 고난주일이라고 말할 수 있습니다. 우리를 위해 고난 당하신 예수님을 기념하고 그 은혜를 기억해야 합니다. 그리고 주님은 죄인들을 위해 죽으신 것이 아니라 나를 위해 죽으셨다는 것을 분명하게 알아야 합니다. "그가 찔림은 우리의 허물 때문이요 그가 상함은 우리의 죄악 때문이라 그가 징계를 받으므로 우리는 평화를 누리고 그가 채찍에 맞으므로 우리는 나음을 받았도다 우리는 다 양 같아서 그릇 행하여 각기 제 길로 갔거늘 여호와께서는 우리 모두의 죄악을 그에게 담당시키셨도다"(사43:5~6).

주님이 십자가에 달리셨을 때 로마 군인이 주님의 죄목을 '유대인의 왕'이라고 써서 붙였습니다. 그렇습니다. 주님은 우리의 왕이시기에 십자가를 지신 것입니다. 그러나 주님은 부활하셨고 우리에게 영원한 생명, 영원한 구원을 허락하셨습니다. 주님께 우리의 삶을 맡기시기 바랍니다. 겸손의 왕이신 주님은 우리의 모든 약함을 아시고, 소망의 왕이신 주님께서 살 소망을 주실 것이며 십자가의 왕이신 주님은 우리를 치유하시고 회복하시며 다시 새롭게 하시는 능력으로 붙잡아 주십니다. 왕이신 주님만 의지하며 살아가기 바랍니다.

[피드백]

빈칸에 알맞은 단어는 무엇입니까?

1. "시온의 딸아 크게 기뻐할지어다 예루살렘의 딸아 즐거이 부를지어다 보라 네 왕이 네게 임하시나니 그는 □□로우시며 □□을 베푸시며 겸손하여서 나귀를 타시나니 나귀의 작은 것 곧 나귀 새끼니라"(슥9:9)

2. "무리의 대다수는 그들의 □□을 길에 펴고 다른 이들은 나뭇가지를 베어 길에 펴고 앞에서 가고 뒤에서 따르는 무리가 소리 높여 이르되 □□□ 다윗의 자손이여 찬송하리로다 주의 이름으로 오시는 이여 가장 높은 곳에서 □□□ 하더라"(마21:8~9)

3. "그가 찔림은 우리의 □□ 때문이요 그가 상함은 우리의 □□ 때문이라 그가 징계를 받으므로 우리는 □□를 누리고 그가 채찍에 맞으므로 우리는 □□을 받았도다 우리는 다 양 같아서 그릇 행하여 각기 제 길로 갔거늘 여호와께서는 우리 모두의 □□을 그에게 담당시키셨도다"(사43:5~6)

나눔과 적용

1. 나귀를타신겸손의왕앞에나아올때우리의마음은어떠한감정이생깁니까?
2. 이세상에서버림받은우리를구하러오신예수님앞에서나는소망이있습니까?
3. 예수님의 십자가 대속이 나에게 직접적으로 어떤 관계가 있습니까?
4. 말씀을 통해 새롭게 깨닫게 되었거나 받은 은혜를 나누어 봅시다.

제14주

부활신앙

♣ 예배 가이드: *예수님은 우리 죄를 용서하시고 영원한 생명을 주시기 위해 죽으시고 부활하셨습니다. 이 부활을 굳게 붙드는 성도가 됩시다.*

- **본문** : 고린도전서 15장 12~20절
- **찬송** : 162장, 165장
- **요절**

"그러나 이제 그리스도께서 죽은 자 가운데서 다시 살아나사 잠자는 자들의 첫 열매가 되셨도다" (고전 15:20)

오늘은 부활주일입니다. 예수님의 부활이 없다면 기독교에서 크리스마스도, 추수감사도 아무 의미가 없습니다. 부활절은 기념하는 이벤트의 절기가 아니라 1년, 365일 부활하신 주님이 나와 함께 계시고 내가 있는 그 현장에 함께 하시며 아프고 가난하고 힘들고 묶여있는 그 환경 속에 주님은 살아계셔서 나와 함께 하신다는 이 의식과 생각을 절대로 잊어버리지 않고 살아가도록 다시 한 번 상기하는 절기입니다.

"예수께서 이르시되 나는 부활이요 생명이니 나를 믿는 자는 죽어도 살겠고 무릇 살아서 나는 믿는 자는 영원히 죽지 아니하리니…"(요11:25~26).

부활은 영원한 영생을 가지는 아주 중요한 권세와 능력을 우리에게 주신 것입니다. 그런데 우리가 이 세상에 살면서 부활이라고 하는 것은 지식, 이성으로는 이해가 되지 않는 신비한 일입니다. 어떻게 사람이 죽었다가 다시 살아날 수 있습니까?

그러나 우리 예수님은 직접 말씀하셨습니다. 예수를 믿는 사람에게는 부활이라는 이 엄청난 신비의 세계가 있음을 믿기 바랍니다. 이 세상의 수많은 고난, 어렵고 힘들고 가난하고 지치는 삶 속에서도 부활이라는 것이 그들의 심령 속에 있었기 때문에 두려워하지 않았습니다.

예수님께서 부활하신 후 제자들에게 나타나셔서 "내 손의 못자국과 내 옆구리의 창자국을 보라"라고 의심 많은 도마에게, 숨어 지내던 제자들에게 영체로 보여주셨습니다. 이 말씀은 살과 뼈가 없는 것이 아니라 주님이 다 보이도록 보여주신 것입니다.

우리가 왜 이 땅에서 주님을 믿고 예배하고 헌신하고 기도하며 주님을 따릅니까? 그 언젠가 주님이 우리를 부르실 때 주님을 섬겼던 흔적이 고스란히 보이도록 하는 것입니다. 우리가 주님을 위해서 어떻게 헌신하고 살았는가, 어떻게 예배하고 살았는가, 어떻게 복음을 전하고 살았는가 그 모든 것이 헛되지 않게 주님이 갚아주실 것을 바라보고 사는 신앙이 부활신앙입니다.

주님이 다시 살아나셨다!(Jesus is resurrection) 주님이 부활하셔서 우리와 함께 살아계시고, 나와 함께 하시고, 여기에 계시고 지금 우리와 함께 계시는 것을 믿어야 합니다. 이것이 우리 기독교 신앙이요 이방종교와 다른 것입니다. 그래서 일제 시대 주기철 목사님을 비롯한 수많은 기독교인들이 순교를 하면서도 부활을 바라보며 찬양을 했고, 사랑의 원자탄 손양원 목사님도 부활의 신앙을 바라보며 사랑을 실천할 수 있었고, 기독교 2천년 역사 속에서 수많은 순교자들이 부활이 있었기에 외롭지 않고 괴롭지 않을 수 있었습니다.

오늘날 우리나라를 비롯한 전 세계에 복음 전파로 우뚝 세워진 수많은 교회들은 주님께서 부활하신 역사적인 사건들을 보여주는 증거들입니다.

그런데 성경에 아주 의심스러운 일이 하나 있습니다. 사울은 이성적이고 지성적이고 모든 환경을 완벽하게 갖춘 사람으로 로마의 시민권을 가지고 정통으로 철저한 유대인이며 히브리인 중에 히브리인이고 가말리엘 문하의 최고의 석학이요 예수를 믿는 사람을 잡아서 죽이는 것이 하나님께 드리는 최고의 충성이라고 여겼던 사람입니다. 그런 그가 어떻게 예수님을 위해서 자신의 목숨을 걸고 지금까지 자기가 가지고 있던 모든 것을 배설물로 여기고 오직 예수, 오직 부활하신 예수, 고린도전서 15장에 예수님 부활의 핵심을 논하는 사도 바울이 될 수 있었을까요? 그가 미쳤을까요?

역사가는 이것을 아무리 생각을 해도 부활의 사건, 부활하신 주님이 아니면 할 수 없는 일이라고 말했습니다. 우리는 막연하게 교회를 다니는 것이 아닙니다. 그럴 것이라고 추측하며 다니는 것이 아닙니다. 주님이 계신다고 하니 좋다 이런 것이 아닙니다. 주님은 나와 함께 하시고 나는 부활하신 주님과 함께 걷고 어떤 일도 함께 하는 것입니다.

"이 날 곧 안식 후 첫날 저녁 때에 제자들이 유대인들을 두려워하여 모인 곳의 문들을 닫았더니 예수께서 오사 가운데 서서 이르시되 너희에게 평강이 있을지어다 이 말씀을 하시고 손과 옆구리를 보이시니 제자들이 주를 보고 기뻐하더라"(요20:19~20).

두려워서 떨고 있던 제자들에게 부활하신 예수님이 오시니 제자들에게 두려움이 없어졌습니다. 부활신앙이 확실한 성도는 두렵지 않습니다. 살아계신 주님만 바라보기 때문입니다. 우리 인생의 모든 해답은 부활입니다. 예수님이 부활하심으로 우리의 죄가 용서함을 받았습니다.

"그리스도께서 다시 살아나신 일이 없으면 너희의 믿음도 헛되고 너희가 여전히 죄 가운데 있을 것이요"(고전15:17).

"예수는 우리가 범죄한 것 때문에 내줌이 되고 또한 우리를 의롭다 하시기 위하여 살아나셨느니라"(롬4:25).

예수님이 부활하심으로 우리가 믿고 의지하는 참 구주가 되셨습니다. 부활신앙은 우리의 삶의 가치를 깨닫게 하고 우리의 삶에 의미를 갖게 합니다.

이 세상에 살면서 낙심하지 말고 더욱더 믿음의 열심을 내십시오. 여기에! 지금! 나에게! 부활하신 주님이 함께 하십니다. 그리고 부활하신 주님과 함께 하는 성도는 기쁨과 감격과 감사로 살아갑니다.

"우리 주 예수 그리스도로 말미암아 우리에게 승리를 주시는 하나님께 감사하노니 그러므로 내 사랑하는 형제들아 견실하며 흔들리지 말고 항상 주의 일에 더욱 힘쓰는 자들이 되라 이는 너희 수고가 주 안에서 헛되지 않은 줄 앎이라"(고전 15:57~58).

살아계신 주님과 함께 동행하는 위대한 믿음의 역사를 이루어가기 바랍니다.

[피드백]

빈칸에 알맞은 단어는 무엇입니까?

1. "예수께서 이르시되 나는 □□이요 □□이니 나를 믿는 자는 죽어도 살겠고 무릇 살아서 나는 믿는 자는 영원히 □□ 아니하리니…"(요11:25~26)

2. "이 날 곧 안식 후 첫날 저녁 때에 제자들이 유대인들을 두려워하여 모인 곳의 문들을 닫았더니 □□께서 오사 가운데 서서 이르시되 너희에게 □□이 있을지어다 이 말씀을 하시고 손과 옆구리를 보이시니 제자들이 주를 보고 기뻐하더라"(요20:19~20)

3. "그리스도께서 다시 살아나신 일이 없으면 너희의 □□도 헛되고 너희가 여전히 □ 가운데 있을 것이요"(고전15:17)

나눔과 적용

1. 우리가 문제 앞에 흔들리지 않고 두려워하지 않을 이유는 무엇입니까?
2. 부활하신 예수님은 나 개인과 어떠한 관계가 있습니까?
3. 어떠한 삶이 십자가 부활의 진리를 깨달아 헌신하는 삶입니까?
4. 말씀을 통해 새롭게 깨닫게 되었거나 받은 은혜를 나누어 봅시다.

제15주

채움을 위한 비움

♣ 예배 가이드: *우리는 주님이 주시는 의로 생명을 얻어 살아갈 수 있습니다. 의에 대한 갈망으로 더욱 주님을 따르는 성도가 됩시다.*

▪ **본문** : 마태복음 5장 3~12절

▪ **찬송** : 428장, 492장

▪ **요절**

"의에 주리고 목마른 자는 복이 있나니 그들이 배부를 것임이요" (마 5:6)

우리는 흔히 무언가를 간절히 바랄 때 '배고프다', '목마르다'라는 표현을 합니다. 인생의 성공은 이루었는데 여전히 배가 고픕니까? 삶에서 충분히 마신 것 같은데도 여전히 갈증이 납니까? 가졌는데도 여전히 가난한 것 같습니까?

이는 세상의 것으로는 아무리 채워도 궁극적으로 채울 수 없는 배고픔과 목마름이 있기 때문입니다. 우리의 삶에 왜 이런 갈증과 궁핍이 있을까요? 하나님이 우리를 창조하셨을 때 육신적인 것으로 만족을 누리는 존재가 아닌 하나님의 형상을 따라 영적인 존재로 창조하셨기 때문입니다. 나의 삶의 목마름의 원인이 무엇인지, 무엇 때문에 갈증을 느끼고 있는지 원인을 찾아야 배부를 수 있습니다. 그리고 채우기 위해서는 먼저 비워야 합니다. 그렇다면 우리가 채워야 하는 것이 무엇일까요?

1. 주님이 주시는 의가 필요합니다.

'의'란 영어로 'Righteousness(올바름, 의로움)' 입니다. 그런데 성경에서는 그 의미가 'divine gift' 즉, 하나님이 주시는 영적인 의입니다. 영적인 의는 하나님과의 관계 속에서 생겨나는 것입니다.

"모든 사람이 죄를 범하였으매 하나님의 영광에 이르지 못하더니 그리스도 예수 안에 있는 속량으로 말미암아 하나님의 은혜로 값없이 의롭다 하심을 얻은 자 되었느니라"(롬3:23~24).

'의'를 두 가지로 생각할 수 있습니다. 첫째, 전가된 의를 뜻합니다. 이는 예수 그리스도를 영접한 자에게 주시는 의입니다. 예수님이 십자가에 달려 돌아가심으로 우리의 모든 죄를 용서해 주셔서 우리가 전혀 죄를 짓지 않은 것 같이 덮어주시고 새롭게 해 주셨습니다. 그래서 이 의를 받은 사람은 죄 없는 삶과 동일하게 되는 것입니다. 둘째, 심겨진 의를 말합니다. 이는 성령의 은혜로 거룩한 삶을 추구하고 갈망하게 만드는 의입니다. 우리에게는 이 두 가지의 의가 모두 필요합니다.

"사람이 의롭게 되는 것은 율법의 행위로 말미암음이 아니요 오직 예수 그리스도를 믿음으로 말미암는 줄 알므로 우리도 그리스도 예수를 믿나니 이는 우리가 율법의 행위로써가 아니고 그리스도를 믿음으로써 의롭다 함을 얻으려 함이라 율법의 행위로써는 의롭다 함을 얻을 육체가 없느니라"(갈2:16).

우리를 죄에서 구원하신 예수 그리스도를 믿어야 합니다. 구원에 대한 갈급함, 구원에 대한 갈증을 느끼고 주님 앞에 나오는 자를 의로우신 주님께서 믿음으로 의롭다 여겨 주십니다.

2. 의에 대한 갈망이 있어야 합니다.

세상에서는 배부른 자가 복 받은 사람이라고 합니다. 그러나 의는 그렇지 않습니다. 의에 대하여 주리고 목마른 자, 오늘도 하나님의 의 없이 주님이 주시는 영적인 공급이 없이 하루도 살 수 없다고 느끼는 그 사람이 복 있는 사람입니다. 영적인 것에 얼마나 주려있고 얼마나 목말라하고 있습니까? 만약 의에 주림과 목마름을 느끼지 못한다면 영혼이 병들었거나 죽은 것입니다. 갈급함을 느껴야 주님께서 채워주십니다.

요한복음 4장에 나오는 사마리아 여인은 목마른 여인이었습니다. 예수님은 이 여인의 목마름을 이미 알고 계셨습니다. 여섯 번째 남편과 살고 있는 이 여인에게는 남편의 사랑이 목마름을 채워주는 것이 아니었습니다. 이 여인은 의에 대한 갈증, 영생에 대한 갈증을 느끼고 있었습니다. 그리고 그 갈증이 주님이 계신 우물로 나오게 했고 그곳에 계신 주님을 만나 여인의 갈증이 해결 받을 수 있었습니다. 의에 주리고 목이 마른 성도, 하나님의 의를 그리워하고 날마다 주님의 의를 구하며 찾는 성도가 복 있는 성도임을 믿으시기 바랍니다.

3. 주님이 배부르게 하십니다.

"의에 주리고 목마른 자는 복이 있나니 그들이 배부를 것임이요"(마5:6).

"그가 사모하는 영혼에게 만족을 주시며 주린 영혼에게 좋은 것으로 채워주심이로다"(시107:9).

하나님의 의로 충만했던 다윗은 최악의 환경 속에서도 이렇게 고백합니다.

"여호와는 나의 목자시니 내게 부족함이 없으리로다"(시23:1).

하나님의 의가 부족한데 물질과 성공과 자녀로 채우려고 하지는 않았습니까? 영적인 문제가 채워지지 않으면 참 행복을 누릴 수 없습니다. '배부를 것이라'는 말은 의의 충만함이 내게 있는 상태를 의미합니다. 그리고 이 말은 완료형이 아닌 날마다 주님께서 충만하게 채워 주신다는 현재 진행형을 뜻합니다. 한 번 채움을 받는 것으로 만족하는 것이 아니라 날마다 시마다 채우시고 만족하게 하심을 믿으시기 바랍니다.

사람들은 의롭게 살기 전에 먼저 복을 달라고 합니다. 의를 채우기보다 인생의 안락과 평안한 삶을 달라고 합니다. 이것은 마치 당장에 굶주려 죽어가는 사람이 화려한 옷으로 치장하고 온갖 보화 속에서 허덕이는 것과 같습니다. 성경은 의에 주림을 알고 의에 목마름을 채워야지 비로소 진정한 복을 얻게 된다고 말합니다. 하나님의 의가 가득 차야지 우리가 만족할 수 있습니다.

오직 주님으로만 채울 수 있는 하나님의 은혜를 구하시기 바랍니다. 그러면 세상에서 채울 수 없는 그 공허함을 주님께서 채우시고 만족케 해주시며 참된 풍요를 누릴 수 있습니다.

[피드백]

빈칸에 알맞은 단어는 무엇입니까?

1. "모든 사람이 □를 범하였으매 하나님의 □□에 이르지 못하더니 그리스도 예수 안에 있는 속량으로 말미암아 하나님의 □□로 값없이 의롭다 하심을 얻은 자 되었느니라"(롬3:23~24)
2. "의에 주리고 목마른 자는 □이 있나니 그들이 □□□ 것임이요"(마5:6)
3. "여호와는 나의 □□시니 내게 □□□이 없으리로다"(시23:1)

나눔과 공유

1. 내가 항상 갈망하는 것은 무엇입니까? 그것은 주님과 관련이 있습니까?
2. 주님 주시는 영적인 채움을 받기 위한 나만의 습관이 있다면 무엇입니까?
3. 주님이 의의 갈망을 채우시고 역사하실 것에 대해 실질적으로 인정합니까?
4. 말씀을 통해 새롭게 깨닫게 되었거나 받은 은혜를 나누어 봅시다.

제16주

돌아오는 긍휼

♣ 예배 가이드: *우리는 하나님의 사랑과 긍휼을 입은 자들입니다. 이 긍휼을 다른 사람들에게도 실천하며 하나님의 뜻을 따르는 성도가 됩시다.*

▪ **본문** : 마태복음 5장 3~12절

▪ **찬송** : 86장, 337장

▪ **요절**

"긍휼히 여기는 자는 복이 있나니 그들이 긍휼히 여김을 받을 것임이요" (마 5:7)

예전에만 해도 이웃사촌이라는 말이 있었습니다. '가까운 이웃이 먼 친척보다 낫다'라는 뜻입니다. 그러나 오늘날에는 앞집에 누가 사는지도 알려고 하지 않는 시대가 되었습니다. 외면하는 것이 일상이 되어버린 이런 시대를 긍휼을 잃어버린 시대라고 말합니다.

본문의 다섯 번째 팔복의 비밀은 긍휼함에 있다고 말씀합니다. 긍휼이 무엇일까요? 왜 우리는 긍휼을 베풀어야 하는 것일까요?

1. 긍휼은 실천하는 것입니다.

우리말 사전에서 '긍휼'이란 '불쌍히 여겨 돌보아 줌'이라고 정의합니다. 불쌍히 여기는 감정에서 끝나는 것이 아니라 돌보아주는 행동까지 포함하고 있는 것입니다. 그래서 긍휼에 포함되어야 하는 중요한 두 가지는 사랑과 희생입니다.

"하나님이 세상을 이처럼 사랑하사 독생자를 주셨으니 이는 그를 믿는 자마다 멸망하지 않고 영생을 얻게 하려 하심이라"(요3:16).

하나님의 긍휼은 독생자 예수 그리스도를 우리에게 주시기까지 사랑을 베푸신 것이었습니다. 교회사 초대 교부였던 크리소스톰은 그의 전 생애를 통해 긍휼에 대한 설교를 전했습니다.

"우리가 살고 있는 이 무자비한 시대는 그 어느 때보다도 긍휼에 대하여 설교하는 것이 필요하다."

하지만 지금 그리스도인 안에 긍휼이라는 말이 어색한 말이 되어 버렸습니다. 외적으로 신앙인의 모양을 갖추는 것에 열심을 내지만 삶 가운데 긍휼을 실천하는 데에는 얼마나 열심을 내며 살아가고 있습니까? 주님은 손을 내밀어 병든 자들을 고치시고 저는 자들을 걷게 하셨으며 고아와 과부를 외면하지 않으셨습니다. 간음하다 잡혀 온 여인을 용서하셨고 세리와 함께 식사를 나누셨습니다. 예수님은 가장 긍휼이 많은 분이셨고 긍휼을 몸소 실천하신 분이십니다.

"긍휼이 풍성하신 하나님이 우리를 사랑하신 그 큰 사랑을 인하여 허물로 죽은 우리를 그리스도와 함께 살리셨고 (너희는 은혜로 구원을 받은 것이라)"(엡2:4~5).

2. 긍휼은 함께 하는 것입니다.

긍휼을 뜻하는 영어 단어는 'compassion'인데 이는 라틴어의 'pati'와 'cum'에서 시작된 말이라고 합니다. 이 두 단어를 합하면 '함께 고통을 받다'라는 의미가 됩니다. 긍휼은 상처가 있는 곳, 고통이 있는 장소로 들어가서 함께 하는 것입니다. 그렇다면 무엇에 긍휼함이 있어야 합니까? 영혼에 대한 긍휼함이 있어야 합니다. 이 세상에서 가장 불쌍한 사람은 하나님을 모르는 사람입니다.

"무리를 보시고 불쌍히 여기시니 이는 그들이 목자 없는 양과 같이 고생하며 기진함이라"(마9:36).

세상에서 행복하다, 출세했다, 남들보다 앞섰다 한들 결국은 구원을 받느냐 구원받지 못하느냐가 그 사람의 영원한 운명을 결정하는 것입니다. 믿지 않는 영혼들에 대한 애타는 마음이 주님의 긍휼한 마음이고 그 긍휼한 마음이 우리 안에도 있어야 합니다. 또 아픔과 연약함에 대한 긍휼함이 있어야 합니다. 예수님은 세상에 고통당하고 괴로움을 당하는 사람들을 불쌍히 여기셨습니다.

버클리라고 하는 사람은 "긍휼히 여기는 것은 하나님과 우리를 연합시키고 긍휼히 여기지 않는 것은 하나님과 우리를 갈라놓는다."라고 말했습니다. 영혼에 대한 긍휼함, 아픔과 연약한 자들에 대한 긍휼함을 가지고 그들과 함께 하며 나눔과 섬김과 용서와 기도로 긍휼을 베푸는 성도가 되길 바랍니다.

3. 긍휼은 긍휼로 받게 됩니다.

"긍휼이 여기는 자는 복이 있나니 그들이 긍휼히 여김을 받을 것임이요"(마 5:7).

구원을 선물로 받았다면 구원받은 이후에는 긍휼을 실천하는 삶을 살아야 합니다. 우리가 긍휼을 베풀 때 하나님이 갚아 주십니다. 하나님이 갚아주시는 긍휼은 우리가 베푼 것보다 훨씬 더 큰 은혜로 채워주심을 믿으시기 바랍니다.

"여호와여 주의 긍휼을 내게서 거두지 마시고 주의 인자와 진리로 나를 항상 보호하소서"(시40:11).

"긍휼을 행하지 아니하는 자에게는 긍휼 없는 심판이 있으리라 긍휼은 심판을 이기고 자랑하느니라"(약2:13).

주님은 간음하다가 잡혀온 여인을 긍휼히 여기셨습니다. 마땅히 심판을 받아야 할 이 여인은 주님의 긍휼하심 때문에 살아나게 되었습니다. 그리고 주님은 여인에게 "나도 너를 정죄하지 아니하노니 가서 다시는 죄를 범하지 말라"라고 말씀하십니다. 주님의 긍휼하심이 우리에게도 임했습니다. 죄로 인해 죽을 수밖에 없는 우리를 긍휼하심으로 살려주셨습니다. 그리고 우리에게 명령하십니다.

"너희도 가서 긍휼히 여기라 그리하면 긍휼히 여김을 받으리라"

오직 그리스도의 긍휼하심을 입은 우리가 긍휼을 실천할 수 있습니다. 그리스도의 사랑으로 긍휼을 실천할 때 우리의 연약함과 부족함을 채우시고 우리에게 임하시는 하나님의 긍휼을 입는 축복된 성도가 되길 바랍니다.

[피드백]

빈칸에 알맞은 단어는 무엇입니까?

1. "하나님이 세상을 이처럼 사랑하사 □□□를 주셨으니 이는 그를 믿는 자마다 □□하지 않고 □□을 얻게 하려 하심이라"(요3:16)

2. "무리를 보시고 □□□ 여기시니 이는 그들이 □□ 없는 양과 같이 고생하며 기진함이라"(마9:36)

3. "긍휼이 여기는 자는 복이 있나니 그들이 □□□ 여김을 받을 것임이요"(마5:7)

나눔과 공유

1. 내가 긍휼히 여길 때 긍휼하심을 받게 되는 경험을 한 적이 있습니까?
2. 지금도 내가 사랑하며 희생하는 긍휼의 대상이 있다면 누구입니까?
3. 함께 고통을 나누며 기도해 준 경험이 있다면 언제입니까?
4. 말씀을 통해 새롭게 깨닫게 되었거나 받은 은혜를 나누어 봅시다.

제17주

마음으로 보는 하나님

♣ 예배 가이드: *주님의 보혈로 마음이 청결하게 되어 하나님을 보는 눈이 열리는 성도가 됩시다.*

▪ **본문** : 마태복음 5장 3~12절

▪ **찬송** : 264장, 286장

▪ **요절**

"마음이 청결한 자는 복이 있나니 그들이 하나님을 볼 것임이요" (마 5:8)

사람들은 무엇인가를 보면서 살아가게 됩니다. 돈만 보는 사람은 돈을 좇아 살고 명예와 성공만 보는 사람은 그것에 집중하며 삽니다. 그래서 사람이 무엇을 보면서 사느냐에 따라 인생이 결정됩니다.

그런데 그리스도인은 세상 사람들이 보는 것보다 훨씬 더 중요한 것, 세상이 보지 못하는 것을 보며 사는 사람들입니다. 바로 하나님을 보는 눈이 열린 사람들입니다. 하나님을 보는 눈은 영적인 눈으로 이것은 청결한 마음으로 보는 것입니다.

1. 마음이 청결한 자입니다.

"마음이 청결한 자는 복이 있나니 그들이 하나님을 볼 것임이요"(마5:8).

'청결하다'는 원어로 '카타로스'라고 하고 '더러워진 빨래를 세탁하여 깨끗하게 하다' '광석을 제련하여 순수 재료를 뽑아내다' '곡식을 타작하여 알곡을 쭉정이로부터 분리해내다'의 뜻입니다. 즉 다른 것과 섞이지 않은 100퍼센트의 순수한 상태를 말합니다, 하나님이 인간을 창조하실 때 넣어주신 마음이 청결한 마음인 것입니다.

그렇다면 우리가 청결한 마음으로 어떻게 돌아갈 수 있습니까? 인간의 노력으로는 할 수 없습니다. 하지만 예수 그리스도 안에 해답이 있습니다. 예수님 십자가의 보혈로 주님이 죄를 씻어주시면 우리의 마음은 청결해질 수 있습니다.

"그가 빛 가운데 계신 것 같이 우리도 빛 가운데 행하면 우리가 서로 사귐이 있고 그 아들 예수의 피가 우리를 모든 죄에서 깨끗하게 하실 것이요"(요일 1:7).

찬송가 258장 「샘물과 같은 보혈은」의 가사입니다. '샘물과 같은 보혈은 주님의 피로다 보혈에 죄를 씻으면 정하게 되겠네 정하게 되겠네 정하게 되겠네 보혈에 죄를 씻으면 정하게 되겠네' 우리의 더럽혀진 마음을 내놓고 용서를 구하면 주님의 보혈의 능력이 우리를 깨끗하게 하시고 하나님을 볼 수 있을 만큼의 청결함으로 회복시켜 주십니다.

2. 하나님을 보는 자입니다.

"마음이 청결한 자는 복이 있나니 그들이 하나님을 볼 것임이요"(마5:8).

'하나님을 본다'는 것은 무엇을 뜻하는 것입니까? 하나님은 아브라함에게 불타는 횃불의 모양으로 나타나셨고, 모세에게는 떨기나무의 불꽃으로 나타나셨습니다. 때로 천사를 통하여 나타나셨습니다. 결국 하나님을 실제로 본 사람은 아무도 없습니다. 그러나 성경의 수많은 사람들은 하나님을 만났다고 말합니다. 성경에서 하나님을 '본다'라고 할 때 같은 의미로 쓰이는 단어가 '안다'라는 단어입니다.

"우리 주 예수 그리스도의 하나님, 영광의 아버지께서 지혜와 계시의 영을 너희에게 주사 하나님을 알게 하시고 너희 마음의 눈을 밝히사 그의 부르심의 소망이 무엇이며 성도 안에서 그 기업의 영광의 풍성함이 무엇이며 그의 힘의 위력으로 역사하심을 따라 믿는 우리에게 베푸신 능력의 지극히 크심이 어떠한 것을 너희로 알게 하시기를 구하노라"(엡1:17~19).

여기에서 '하나님을 안다'라는 말과 '마음의 눈을 밝힌다'는 말이 함께 나옵니다. 하나님을 본다는 것은 육신의 눈이 아닌 마음으로 하나님을 인식하고 느끼고 경험하고 아는 것입니다. 이것은 마치 공기가 우리의 눈에는 보이지 않지만 우리는 공기가 있다는 것을 아는 것과 같습니다. 그리고 하나님은 우리에게 나타나시고 드러내시고 보이시기를 원하시는 분입니다.

"여호와는 네게 복을 주시고 너를 지키시기를 원하며 여호와는 그의 얼굴을 네게 비추사 은혜 베푸시기를 원하며 여호와는 그 얼굴을 네게로 향하여 드사 평강 주시기를 원하노라 할지니라 하라"(민6:24~26).

하나님을 본다면 그것이 우리에게는 은혜이고 인생역전의 축복이 됩니다. 하나님을 보는 성도가 되길 바랍니다.

3. 하나님을 보기 위해 열망하는 자입니다.

"마음이 청결한 자는 복이 있나니 그들이 하나님을 볼 것임이요"(마5:8).

이 말씀은 복을 얻기 위해 우리에게 두 가지 행동을 요구하고 있습니다. 첫째는 마음이 청결해야 하고 둘째는 하나님을 보기 위해 찾아야 한다는 것입니다. 그리고 서로 연결되어 있는 말이기도 합니다. 하나님을 보고자 하는 열망이 있는 사람은 마음을 청결하게 유지하기 위해 노력한다는 것입니다.

"하나님을 가까이 하라 그리하면 너희를 가까이 하시리라 죄인들아 손을 깨끗이 하라 두 마음을 품은 자들아 마음을 성결하게 하라"(약4:8).

육신의 눈으로, 감정의 눈으로 보려고 하니 하나님을 볼 수 없습니다. 사람의 눈으로 판단하게 되고 사람의 눈으로 볼 때 실망하니 그 안에 살아계시는 하나님을 볼 수 없었던 것입니다.

그러나 영의 눈이 열려서 하나님을 보고자 하면 함께 하시는 하나님을 볼 수 있습니다. 하나님을 보는 눈이 열린 사람은 현재의 상황을 보고 두려워하지 않습니다. 하나님은 시간과 공간을 초월하여 일하시고 역사하시기 때문입니다. 매 순간 하나님을 보기를 열망하며 나와 함께 하시고 일하시고 영광을 나타내시는 하나님을 경험하며 살아가길 바랍니다.

[피드백]

빈칸에 알맞은 단어는 무엇입니까?

1. "마음이 청결한 자는 복이 있나니 그들이 □□□을 볼 것임이요"(마5:8)

2. "하나님을 가까이 하라 그리하면 □□□ 가까이 하시리라 죄인들아 손을 □□□ 하라 두 마음을 품은 자들아 마음을 □□하게 하라"(약4:8)

3. "여호와는 네게 □을 주시고 너를 지키시기를 원하며 여호와는 그의 □□을 네게 비추사 □□ 베푸시기를 원하며 여호와는 그 얼굴을 네게로 향하여 드사 □□ 주시기를 원하노라 할지니라 하라"(민6:24~26)

나눔과 적용

1. 어떻게 해야 마음의 청결함을 얻을 수 있습니까?
2. 마음이 청결하면 우리가 어떠한 복을 누린다고 말씀합니까?
3. 영의 눈을 들어 하나님을 가까이 한 경험이 있다면 무엇입니까?
4. 말씀을 통해 새롭게 깨닫게 되었거나 받은 은혜를 나누어 봅시다.

[어린이주일]

제18주

어린아이 같은 큰 자

♣ 예배 가이드: *그리스도의 사랑으로 풍성하여 순결하고 겸손하고 어린아이라도 품을 수 있는 존귀한 성도가 됩시다.*

- **본문** : 마태복음 18장 1~6절
- **찬송** : 212장, 216장
- **요절**

"이르시되 진실로 너희에게 이르노니 너희가 돌이켜 어린아이들과 같이 되지 아니하면 결단코 천국에 들어가지 못하리라" (마 18:3)

본문에 제자들이 예수님께 천국에서는 누가 큰 사람이냐고 묻습니다. 그러자 예수님이 말씀하십니다.

"이르시되 진실로 너희에게 이르노니 너희가 돌이켜 어린아이들과 같이 되지 아니하면 결단코 천국에 들어가지 못하리라"(마18:3).

주님이 기뻐하시는 어린아이의 모습, 어린아이의 신앙이 되면 천국에 들어갈 수 있고 또 자연스럽게 우리의 삶에서 자녀들을 향한 이해와 배려와 사랑도 회복될 것입니다. 주님은 어린아이의 무엇을 배우고 우리 안에 무엇을 회복하라고 말씀하십니까?

1. 순수함을 배우라.

"예수께서 한 어린아이를 불러 그들 가운데 세우시고"(마18:2).

'어린아이'의 원어는 '파이디온'이고 이는 갓난아기에서 6세 이하의 아이를 이릅니다. 세상을 알기 전 순수함을 가지고 있는 나이입니다. 맑고 깨끗하고 솔직해서 자신의 감정을 있는 대로 표현하며 눈을 속이거나 감추는 것이 없습니다. 주님은 큰 자가 되기 위해 순수함, 신앙의 순수성을 회복해야 한다고 말씀하고 있습니다.

처음 예수님을 구주로 영접했을 때는 그냥 구원받은 것만으로도 기쁘고 감사했는데 살아가다보니 예수님도 믿고 세상의 만족도 누리고 싶어지기 시작합니다. 순수한 열정과 헌신의 모습은 사라지고 어느새 형식적으로 자리를 지키고 있지는 않습니까? 주님은 우리가 능숙하게 교회를 알고 주의 일을 하기보다 순수한 믿음, 모든 것에 열심을 내는 순종을 보고 계십니다. 익숙하고 능숙한 성도가 되기보다 순수한 성도가 되기 바랍니다.

요한계시록 2장에 나오는 에베소교회는 능숙한 교회였습니다. 악한 자들이 교회에 들어오는 것을 막아냈고 거짓 선지자들을 가려냈으며 교회가 핍박을 받을 때도 인내하고 참으며 게으르지 않던 교회였습니다. 그러나 주님은 말씀하십니다.

"그러나 너를 책망할 것이 있나니 너의 처음 사랑을 버렸느니라 그러므로 어디서 떨어졌는지를 생각하고 회개하여 처음 행위를 가지라 만일 그리하지 아니하고 회개하지 아니하면 내가 네게 가서 네 촛대를 그 자리에서 옮기리라"(계2:4~5).

하나님의 은혜에 익숙해지고 신앙생활이 습관에 젖어버리면 안 됩니다. 날마다 새로운 은혜를 사모하며 어린아이와 같은 순수한 믿음으로 살아가는 성도가 되기 바랍니다.

2. 겸손함을 배우라.

"그러므로 누구든지 이 어린 아이와 같이 자기를 낮추는 사람이 천국에서 큰 자니라"(마18:4).

'낮추다'라는 말은 원어로 '타페노'라고 하고 영어로 'humble(겸손한)'입니다. 그런데 여기서의 겸손은 멸시와 천대와 굴욕을 당하면서까지 겸손하라는 뜻입니다. 그런데 어린아이가 겸손한가요? 아기일수록 자기밖에 모르고 모든 가족의 스케줄이 아이에게 맞추어 돌아갑니다. 그렇다면 어린아이와 같이 자기를 낮춘다는 말의 뜻은 무엇입니까? 바로 어린아이의 연약함을 깨달으라는 것입니다. 어린아이는 스스로를 지킬 수 없고 혼자서 생존할 수 없기에 도움과 보호가 필요한 존재입니다. 마찬가지로 우리도 스스로 생존할 수 없는 존재, 스스로 구원받을 수 없는 존재임을 깨달아야 합니다. 어린아이가 부모의 도움과 보호의 손길을 찾는 것처럼 우리도 하나님의 손길이 절실히 필요하기에 도움을 구하며 우리를 낮출 수밖에 없습니다.

"여인이 어찌 그 젖 먹는 자식을 잊겠으며 자기 태에서 난 아들을 긍휼히 여기지 않겠느냐 그들은 혹시 잊을지라도 나는 너를 잊지 아니할 것이라"(사49:15).

세상에서는 독립적으로 할 수 있는 자가 큰 자라고 하지만 신앙생활은 전적으로 하나님만 의지하는 자가 큰 자입니다.

"여호와께서 겸손한 자들은 붙드시고 악인들은 땅에 엎드러뜨리시는도다"(시147:6).

3. 존귀함을 배우라.

"또 누구든지 내 이름으로 이런 어린아이 하나를 영접하면 곧 나를 영접함이니 누구든지 나를 믿는 이 작은 자 중 하나를 실족하게 하면 차라리 연자 맷돌이 그 목에 달려서 깊은 바다에 빠뜨려지는 것이 나으니라"(마18:5~6).

어린아이들은 처음 봐도 금방 친구가 되어 놉니다. 누구에게나 열린 마음으로 자신의 기준을 가지고 존귀하게 대할 사람인지 아닌 사람인지 구별하지 않습니다. 그러나 성장한 후에는 대상을 평가하고 판가름하기 시작하며 자녀에게도 자신의 생각을 주입시킵니다. 아닙니다. 어린아이가 구별하지 않고 누구나 존귀하게 대하는 이 마음을 배워야 합니다. 하나님은 사람을 자신의 형상을 따라 손수 지으셨고 한 영혼을 천하보다 귀하게 여기십니다. 그래서 나 자신을 중요하게 생각한다면 다른 사람도 존귀하고 중요하게 여겨야 하고 존귀함을 받고자 한다면 다른 사람도 존귀하게 대해야 합니다. 이것이 바로 예수님을 대하는 것이라고 말씀합니다.

세상에서 큰 자, 사람들 사이에서 인정받는 큰 자가 되고 싶습니까?

아니면 그리스도의 사랑으로 풍성하여 순결하고 겸손하고 어린아이라도 품을 수 있는 존귀한 자가 되시겠습니까? 신앙의 순수성을 회복하기 바랍니다. 하나님 없이는 단 하루도 살 수 없다고 겸손하게 도우심을 구하는 간절함을 회복하기 바랍니다. 어린아이 같은 큰 자로 주님께 쓰임 받는 성도가 되기 바랍니다.

[피드백]

빈칸에 알맞은 단어는 무엇입니까?

1. "그러나 너를 책망할 것이 있나니 너의 □□ □□을 버렸느니라 그러므로 어디서 떨어졌는지를 생각하고 회개하여 □□□□를 가지라 만일 그리하지 아니하고 □□하지 아니하면 내가 네게 가서 네 □□를 그 자리에서 옮기리라"(계2:4~5)

2. "또 누구든지 내 이름으로 이런 □□□□ 하나를 영접하면 곧 나를 영접함이니 누구든지 나를 믿는 이 작은 자 중 하나를 □□하게 하면 차라리 □□ □□이 그 목에 달려서 깊은 바다에 빠뜨려지는 것이 나으니라"(마18:5~6)

3. "여호와께서 □□□ □들은 붙드시고 악인들은 땅에 엎드러뜨리시는도다"(시147:6)

나눔과 적용

1. 신앙 안에서 우리에게 익숙해져 버린 일이 있다면 무엇이 있습니까?
2. 우리는 어떻게 해야 어린아이처럼 순수했던 신앙으로 돌아갈 수 있습니까?
3. 신앙 안에서 바른 성장을 할 때, 우리에게 나타나야 할 것들은 무엇입니까?
4. 말씀을 통해 새롭게 깨닫게 되었거나 받은 은혜를 나누어 봅시다.

[어버이주일]

제19주

내 아버지

♣ 예배 가이드: *우리 하나님의 사랑은 변함없으시고 우리와 항상 함께 하며 그 어느 것도 끊을 수 없음을 믿는 성도가 됩시다.*

▪ **본문** : 누가복음 15장 11~24절

▪ **찬송** : 277장, 278장

▪ **요절**

"이 내 아들은 죽었다가 다시 살아났으며 내가 잃었다가 다시 얻었노라 하니 그들이 즐거워하더라" (눅 15:24)

한 신학자가 이런 말을 했습니다. "우리가 하나님을 볼 수 없기 때문에 눈에 보이는 부모님을 만들어 놓으셨다." 우리는 부모님의 사랑으로 하나님의 사랑을 깨달을 수 있습니다. 그러나 눈에 보이는 부모를 공경하지 못하고 부모의 사랑을 깨닫고 감사하지 못한다면 눈에 보이지 않는 하나님 아버지의 사랑도 알 수 없고 하나님을 공경하지도 못합니다. 성경 속에 육신의 부모의 사랑과 하나님의 사랑을 동시에 표현하고 있는 내용이 있습니다.

누가복음 15장에 나오는 탕자의 이야기입니다. 탕자의 입장에서 본 아버지의 사랑에 대해 내러티브 형식으로 말씀을 전하겠습니다.

저는 아버지의 자랑스러운 둘째 아들입니다. 아버지의 재산을 가지고 허랑방탕하게 살다가 모두 다 잃고 거지가 되어 돌아온 누가 봐도 부끄러운 아들인데 어떻게 자랑스러운 아들이 되었을까요? 제가 스스로 그런 것이 아니라 우리 아버지가 말씀하셨습니다. 돌아온 것만으로도 자랑스러운 아들이라고, 그래서 저는 자랑스러운 둘째 아들이 되었습니다.

사실 우리 아버지는 재산이 많은 분이었지만 그것에 집착하지 않고 항상 사람들에게 나누고 베푸는 인자와 자비가 많으신 분입니다. 그런 아버지 옆에 살면서 세상은 다 이렇게 환하고 편한 줄만 알았습니다. 그러다 어느 날 이런 삶에 싫증을 느끼게 되었고 나 나름대로의 인생을 살아보고 싶어졌습니다. 저는 그것을 야망이라 생각했고 돈이 없었던 나는 아버지께 유산으로 받을 제 분깃을 지금 달라고 말씀드렸습니다. 사실 아버지의 유산은 아버지가 돌아가셨을 때만 얻을 수 있는 것인데 살아있는 아버지께 유산을 달라고 했으니 이것은 아버지를 돌아가신 분으로 생각한다는 뜻입니다.

하지만 아버지에게는 그렇게 해도 괜찮다고 생각했습니다. 그런데 아버지는 아무런 말씀 없이 재산을 저에게 주셨습니다. 막상 큰돈이 생기니 진짜 세상이 다 내 것 같았습니다. 세상에서는 돈이 있는 사람이 최고였습니다. 그래서 돈을 흥청망청 쓰게 되었고 그러다 보니 남은 돈이 하나도 없게 되었습니다. 나를 높여주고 칭송하던 사람들이 어느 순간 말을 낮추기 시작하고 무시하기 시작했습니다. 어떻게든 먹고 살기 위해 남의 집에 종으로 들어갔고 머리털을 깎던 날 밤새 울부짖으며 저의 현실을 깨닫게 되었습니다. 세상에서 저의 존재는 어디에도 없었습니다. 그 누구도 나를 책임져주지 않았고 나를 도와주지 않았으며 가장 슬픈 것은 그 누구도 나를 사랑하지 않는다는 것이었습니다.

돼지우리 옆에서 허기진 배를 움켜쥐고 추운 밤을 지샐 때 아버지의 집이 생각났습니다. 아버지 집에서는 품꾼들도 배불리 먹었는데 자신은 굶어 죽게 되었으니 차라리 아버지의 집에 가서 종을 하는 것이 낫겠다는 생각이 들었습니다.

집으로 돌아가는 길, 저 멀리 아버지의 집이 보입니다. 떠나기 전에는 우리 집이었는데 이제는 종으로 살게 되는 새로운 주인의 집입니다. 그런데 저 멀리서 누군가가 내가 있는 쪽으로 달려오면서 손짓을 하고 소리를 지릅니다. 바로 내 아버지셨습니다. 내 아들아! 내 아들아! 잃어버린 내 아들아! 나는 집을 나간 날부터 아버지를 잊어버리고 살았지만 우리 아버지는 그날부터 하루도 나를 잊으신 적이 없고 날마다 저를 기다리고 계셨던 것입니다.

세상에서는 내가 사람을 기다리고 그 사람의 사랑을 구걸했지만 아버지의 사랑은 오히려 제게 그 사랑을 베푸시기 위해 기다리시며 저의 사랑을 구걸하신 것입니다. 부끄러운 죄인의 모습으로 돌아온 저를 품에 안으시고 더러운 옷을 벗겨 가장 좋은 옷을 입혀주시고 저를 씻기며 아들이라 인정하는 반지를 끼워주셨고 상처투성이의 맨발에 신을 신겨 주셨습니다. 저를 자랑스러운 아들, 죽었다 다시 살아온 아들, 다시 얻게 된 아들이라 불러주셨습니다. 아버지의 사랑이 없었으면 저는 자랑스러운 아들이 되지 못했을 것입니다. 나는 아버지를 버리고 아버지를 떠났어도 내 아버지는 끝까지 나를 기다리시고 끝까지 사랑하시고 끝까지 품어주셨습니다. 이분이 바로 내 아버지이십니다.

"긍휼이 풍성하신 하나님이 우리를 사랑하신 그 큰 사랑을 인하여 허물로 죽은 우리를 그리스도와 함께 살리셨고(너희는 은혜로 구원을 받은 것이라)"(엡2:4~5).

육신의 부모님으로부터 우리는 큰 사랑을 받았습니다. 우리가 이 세상에 태어난 것, 여기까지 성장한 것 모두 부모님의 은혜임을 날마다 기억하고 감사해야 합니다. 그리고 부모님의 사랑보다 더 큰 사랑은 바로 하나님 아버지의 사랑입니다. 우리가 때론 육신의 부모의 사랑을 받지 못했다 하더라도 우리 하나님은 우리를 사랑하시고 우리와 항상 함께 하십니다. 하나님의 사랑은 그 어떤 것으로도 끊을 수 없습니다.

"누가 우리를 그리스도의 사랑에서 끊으리요 환난이나 곤고나 박해나 기근이나 적신이나 위험이나 칼이랴 … 높음이나 깊음이나 다른 어떤 피조물이라도 우리를 우리 주 그리스도 예수 안에 있는 하나님의 사랑에서 끊을 수 없으리라"(롬8:35,39).

하나님은 멀리 계신 분이 아닙니다. 언제나 우리와 함께 하십니다. 성령님으로 우리 안에 역사하시고 우리와 동행하시고 우리의 신음에 응답하시고 도우시는 내 아버지이십니다. 우리는 하나님을 떠나도 하나님은 절대로 우리를 떠나지 않으십니다. 우리가 얼마나 연약하고 얼마나 부족하고 얼마나 힘든 삶을 살았는지는 중요하지 않습니다. 하나님께로 돌아오기만 하면 반드시 회복시켜 주십니다. 그런 하나님이 우리의 아버지이십니다. 그 은혜 안에서 살아가기 바랍니다.

[피드백]

빈칸에 알맞은 단어는 무엇입니까?

1. "긍휼이 풍성하신 하나님이 우리를 사랑하신 그 큰 □□을 인하여 허물로 죽은 우리를 □□□□와 함께 살리셨고(너희는 □□로 구원을 받은 것이라)"(엡2:4~5)
2. "이 내 아들은 □□□□ 다시 살아났으며 내가 □□□□ 다시 얻었노라 하니 그들이 즐거워하더라" (눅 15:24)
3. "누가 우리를 그리스도의 □□에서 끊으리요 환난이나 곤고나 박해나 기근이나 적신이나 위험이나 칼이랴 … 높음이나 깊음이나 다른 어떤 □□□이라도 우리를 우리 주 그리스도 예수 안에 있는 하나님의 □□에서 끊을 수 없으리라"(롬8:35,39)

나눔과 적용

1. 부모의사랑과헌신을통해하나님의사랑을체험한적이있다면언제입니까?
2. 자격없는나에게 은혜로 좋은 것을주신 신앙의사건이 있었다면 무엇입니까?
3. 육신의생명으로부모에게감사하듯,우리가하나님께감사해야할것은무엇입니까?
4. 말씀을 통해 새롭게 깨닫게 되었거나 받은 은혜를 나누어 봅시다.

제20주

화평한 자의 이름

♣ 예배 가이드: *그리스도를 통하여 하나님과 화평을 이루고, 우리의 이웃과 화평을 이루고, 나아가 모든 사람에게 화평을 전하는 성도가 됩시다.*

▪ **본문** : 마태복음 5장 3~12절

▪ **찬송** : 293장, 327장

▪ **요절**

"화평하게 하는 자는 복이 있나니 그들이 하나님의 아들이라 일컬음을 받을 것임이요" (마 5:9).

2020년은 한국전쟁 70주년을 맞이하는 해입니다. 70년의 시간이 지났지만 여전히 우리나라는 전쟁의 위협 속에 있습니다. 이는 인간의 방법으로는 참된 평화를 만들어 낼 힘이 없다는 것을 보여주는 것입니다. 세계 강국들은 각각 자신들이 세계 평화를 유지한다며 평화라는 이름으로 분쟁을 조성하고 사람들 사이에서는 평화라는 이름으로 무관심이 창궐하는 이 시대에 우리 그리스도인들은 참된 화평을 이루는 자가 되어야 합니다. 그렇다면 '화평을 이루는 자(피스 메이커, Peace maker)'가 되기 위해서 필요한 것은 무엇일까요?

1. 하나님과 화평을 이루어야 합니다.

"그러므로 우리가 믿음으로 의롭다 하심을 받았으니 우리 주 예수 그리스도로 말미암아 하나님과 화평을 누리자"(롬5:1).

이 말씀은 예수 그리스도가 없이는 하나님과 화평할 수가 없다는 뜻입니다. 모든 인간은 죄로 인해 하나님과 화평이 깨졌습니다. 그래서 우리에게는 죄를 해결해 주실 분이 필요한데 바로 예수 그리스도입니다. 하나님과 우리 사이에서 화목하게 하신 분 '피스 메이커(Peace maker)'가 바로 예수 그리스도이십니다.

"그 뿐 아니라 이제 우리로 화목하게 하신 우리 주 예수 그리스도로 말미암아 하나님 안에서 또한 즐거워하느니라"(롬5:11).

하나님과 나의 관계가 회복되면 우리에게는 화평이 임하게 됩니다. 하나님과 화평을 이룬 사람은 마음이 평안하고 즐겁습니다. 어떠한 문제를 만나도 이겨낼 수 있는 힘이 생깁니다. 왜냐면 하나님이 도와주실 것이라는 믿음이 있기 때문입니다. 찬송가 438장입니다. '내 영혼이 은총 입어 중한 죄짐 벗고 보니 슬픔 많은 이 세상도 천국으로 화하도다 할렐루야 찬양하세 내 모든 죄 사함 받고 주 예수와 동행하니 그 어디나 하늘나라' 우리가 예수님을 의지하고 죄를 회개하여 하나님과의 관계가 회복되면 진정한 화평이 우리의 삶과 가정과 일터에 임함을 믿으시기 바랍니다.

2. 형제와 화평을 이루어야 합니다.

하나님과 화평을 이룬 자는 다른 사람과도 화평을 이루어야 합니다. 말 그대로 '피스 메이커(Peace maker)'가 되어야 합니다.

"그러므로 예물을 제단에 드리려다가 거기서 네 형제에게 원망들을 만한 일이 있는 것이 생각나거든 예물을 제단 앞에 두고 먼저 가서 형제와 화목하고 그 후에 와서 예물을 드리라"(마5:23~24).

'네 형제에게 원망들을 만한 일'이 있다면 먼저 그 형제와 화목하고 예물을 드리라고 말씀합니다. 내가 화목을 이루지 않았다면 하나님이 기뻐하시는 예물, 기뻐하시는 예배를 드릴 수 없다는 것입니다. 또 다른 의미는 하나님이 나에게 은혜를 주시려 해도 형제와의 불편함이 있는 심령, 형제에게 불화를 일으킨 자는 하나님이 기뻐하지 않으신다는 것입니다.

"보라 형제가 연합하여 동거함이 어찌 그리 선하고 아름다운고"(시133:1).

하나님과의 화목에는 열심이지만 성도간의 화목에 무관심해서도 안 됩니다. 이는 전쟁 중에 군인이 적군과 싸워야하는데 아군과 적군을 구별하지 못하고 아군과 싸우는 꼴입니다. 외적인 공격보다 더 무서운 것이 내적인 분열이기 때문입니다. 우리가 싸워야 할 대상은 악한 마귀의 권세이지 그리스도의 형제 자매가 아닙니다.

"평안의 매는 줄로 성령이 하나 되게 하신 것을 힘써 지키라"(엡4:3).

우리는 교회를 위해서, 성도를 위해서, 가정을 위해서 성령이 하나 되게 하신 것을 지킬 수 있도록 기도할 때 형제 안에서 화평을 이루는 '피스 메이커(Peace maker)'가 될 줄 믿습니다.

3. 모든 사람에게 화평을 이루어야 합니다.

"화평하게 하는 자는 복이 있나니 그들이 하나님의 아들이라 일컬음을 받을 것임이요"(마5:9).

화평하게 하는 자가 되는 최고의 방법은 평화의 복음인 예수 그리스도를 전하여 하나님과 관계가 깨어진 자를 회복시켜 복된 삶으로 인도하는 것입니다.

"보내심을 받지 아니하였으면 어찌 전파하리요 기록된 바 아름답도다 좋은 소식을 전하는 자들의 발이여 함과 같으니라"(롬10:15).

진짜 화평하게 하는 자가 되기를 원합니까? 누군가에게 예수 그리스도를 전하기 바랍니다. 복음을 전하면 듣는 자가 화평을 얻게 되고, 전하는 우리 또한 복음 안에서 오는 화평의 은혜를 누리게 됩니다.

화평하게 하는 자가 복인 이유는 그 사람이 진짜 하나님의 자녀이기 때문입니다. 하루하루 불안과 공포, 인생의 불화 속에서 살아가는 사람에게 복음을 전하며 화평을 전한다면 그들이 우리들을 보고 진짜 하나님의 자녀인 것을 알 수 있습니다. 세상에서 빛의 자녀로 그 빛을 증거하며 살아가길 바랍니다.

[피드백]

빈칸에 알맞은 단어는 무엇입니까?

1. "그러므로 우리가 믿음으로 □□□ 하심을 받았으니 우리 주 예수 그리스도로 말미암아 하나님과 □□을 누리자"(롬5:1)

2. "그러므로 예물을 제단에 드리려다가 거기서 네 형제에게 □□ 들을 만한 일이 있는 것이 생각나거든 예물을 제단 앞에 두고 먼저 가서 형제와 □□하고 그 후에 와서 예물을 드리라"(마5:23~24)

3. "화평하게 하는 자는 복이 있나니 그들이 하나님의 □□이라 일컬음을 받을 것임이요"(마5:9)

나눔과 적용

1. 나는 그리스도를 통하여 하나님과 화평한 관계를 맺고 있습니까?
2. 하나님의 도우심으로 이웃과 화평을 이룬 적이 있다면 언제입니까?
3. 나의 주변에 그리스도의 사랑과 화평을 전할 대상은 누구입니까?
4. 말씀을 통해 새롭게 깨닫게 되었거나 받은 은혜를 나누어 봅시다.

제21주

가장 큰 복, 핍박

♣ **예배 가이드:** *그리스도의 이름으로 환란과 핍박을 당할 때 하나님께서 지키시며 우리에게 천국 소망을 주심을 믿는 성도가 됩시다.*

■ **본문** : 마태복음 5장 3~12절

■ **찬송** : 218장, 336장

■ **요절**

"의를 위하여 박해를 받은 자는 복이 있나니 천국이 그들의 것임이라" (마 5:10)

초대교회에서 많은 그리스도인들이 말도 안 되는 누명을 쓰고 핍박과 박해를 받았습니다. 그런데 2020년에도 교회가 핍박을 받게 되었습니다. 교회가 코로나 확산의 주 원인이라며 가능하면 모이지 말라고 합니다. 초대교회나 현대의 교회에 대한 탄압, 기독교인들에 대한 역차별과 핍박은 여전합니다. 원인이 무엇입니까?

비 기독교인들이 기독교인들에 대한 적대감이 있기 때문입니다. 우리는 이 박해를 어떻게든 피하고 타협을 봐서 넘어가려고 하기보다 의를 위하여 박해를 받는 것이 축복임을 믿고 끝까지 승리하여 천국을 소유한 자들이 되길 바랍니다.

1. 의를 위하여 받는 박해

"의를 위하여 박해를 받은 자는 복이 있나니 천국이 그들의 것임이라"(마 5:10).

'박해'는 헬라어로 '디오코' 영어로는 'Persecute'라고 합니다. 이는 '성가시게 굴고 못살게 굴다' '죽을 때까지 끈질기게 괴롭히다'라는 뜻입니다. 그런데 박해에는 복이 되는 박해와 그렇지 않은 박해가 있습니다. 자신의 실수와 허물로 인해 오는 박해는 자신이 지은 죄로 인한 것이므로 회개해야 합니다.

"죄가 있어 매를 맞고 참으면 무슨 칭찬이 있으리요 그러나 선을 행함으로 고난을 받고 참으면 이는 하나님 앞에 아름다우니라"(벧전2:20).

의를 위한 박해는 예수님 때문에 받는 고난입니다. 예수님을 위해서 사명을 위해서 받는 고난과 핍박을 말하는 것입니다. 하지만 이로 인해 우리의 믿음이 약해지거나 불평하고 원망하지 말고 기뻐해야 합니다. 이것이 우리에게 축복이라는 사실을 믿기 바랍니다. 하나님은 하나님의 자녀가 당하는 모든 고난에 대해 반드시 뜻과 계획이 있으십니다. 그리고 우리 안에 거룩한 성품을 완성하게 하시기 위해 고난을 주십니다. 핍박은 참된 성도와 그렇지 않은 자를 가리는 시금석이 됩니다. 그러므로 고난과 연단의 시간에 우리는 더욱 진짜 믿음, 진짜 신앙으로 굳건히 뿌리를 내려야 합니다.

"고난 당하기 전에는 내가 그릇 행하였더니 이제는 주의 말씀을 지키나이다"(시119:67).

"그러나 내가 가는 길을 그가 아시나니 그가 나를 단련하신 후에는 내가 순금같이 되어 나오리라"(욥23:10).

2. 박해를 받는 성도의 자세

"나로 말미암아 너희를 욕하고 박해하고 거짓으로 너희를 거슬러 모든 악한 말을 할 때에는 너희에게 복이 있나니 기뻐하고 즐거워하라 하늘에서 너희의 상이 큼이라 너희 전에 있던 선지자들도 이같이 박해하였느니라"(마5:11~12).

초대교회 성도들은 상상하기도 끔찍한 고통과 고난을 당했지만 그 가운데서도 끝까지 견디며 승리했습니다. 어떻게 이겨낼 수 있었을까요? 모든 고난과 핍박에 주님이 함께 하셨기 때문입니다.

"사람이 감당할 시험 밖에는 너희가 당한 것이 없나니 오직 하나님은 미쁘사 너희가 감당하지 못할 시험 당함을 허락하지 아니하시고 시험 당할 즈음에 또한 피할 길을 내사 너희로 능히 감당하게 하시느니라"(고전10:13).

첫째, 고난 받을 자격을 갖춘 사람, 즉 의로운 사람이 되어야 합니다. 죄에서 자신을 지키고 하나님의 은혜 중심으로 살고 하나님을 향한 굳건한 믿음을 지켜야합니다.

둘째, 박해를 받는 것을 방해하는 것을 피해야 합니다. 세상을 사랑하고 세상과 타협하는 것, 사람의 말은 우리가 박해 받는 것을 두려워하게 하고 고난을 피하게 합니다.

셋째, 박해를 이기게 하는 것을 사모해야 합니다. 고난을 이기는 방법은 기도와 찬송입니다. 문제를 만나면 하나님께 나와 부르짖어 기도하기 바랍니다. 도움은 주님께 구해야 합니다. 그러면 이길 힘을 허락하십니다.

3. 의를 위하여 박해받는 자가 받는 축복

"의를 위하여 박해를 받은 자는 복이 있나니 천국이 그들의 것임이라"(마 5:10).

"기뻐하고 즐거워하라 하늘에서 너희의 상이 큼이라…"(마5:12).

팔복의 마지막 복은 천국을 가지는 것입니다. 그렇다면 마태복음 5장에서 예수님께서 처음 가르치신 것이 무엇이었습니까?

"심령이 가난한 자는 복이 있나니 천국이 그들의 것임이요"(마5:3).

결국 우리의 신앙의 시작과 끝은 천국을 향하여 가는 것입니다. 그리스도인의 복은 천국의 복에서 시작해서 천국의 복으로 끝납니다. 하지만 박해를 받아서 천국백성이 되는 것이 아니라 예수님의 은혜로 우리는 천국백성이 되는 것입니다. 다만 의를 위하여 받은 박해로 인한 하늘이 상급이 있는 것입니다. 그리고 그 상은 '큰 상(the great reward)'이라고 말씀하십니다.

이제까지 어쩌면 박해가 없는 세상에 살았던 우리는 축복의 기회도 놓치고 있었는지 모르겠습니다. 그러나 이제 우리는 누가 진짜 그리스도인인지 누가 예수 이름을 위해, 의를 위해 박해를 받을 준비가 되어 있는 사람인지 분별할 시대를 만나게 된 것입니다.

광야 후에 가나안이 있었고 십자가 후에 부활이 있듯 핍박의 가시밭 길은 믿음 성장의 길입니다. 끝까지 믿음을 지키고 사명을 지키고 충성으로 헌신하여 하나님께서 예비하신 축복을 다 받아누리길 바랍니다.

[피드백]

빈칸에 알맞은 단어는 무엇입니까?

1. "죄가 있어 매를 맞고 참으면 무슨 □□이 있으리요 그러나 선을 행함으로 □□을 받고 참으면 이는 하나님 앞에 아름다우니라"(벧전2:20)

2. "사람이 감당할 □□ 밖에는 너희가 당한 것이 없나니 오직 하나님은 미쁘사 너희가 □□하지 못할 시험 당함을 허락하지 아니하시고 시험 당할 즈음에 또한 □□ □을 내사 너희로 능히 감당하게 하시느니라"(고전10:13)

3. "의를 위하여 □□를 받은 자는 복이 있나니 □□이 그들의 것임이라"(마5:10)

나눔과 적용

1. 신앙으로 인해 어려움을 겪거나, 박해를 받은 경험이 있습니까?
2. 우리가 심한 고난과 박해를 이길 수 있는 힘은 어디에서 나옵니까?
3. 어떻게 해야 환란과 핍박 가운데서도 사명을 완수할 수 있습니까?
4. 말씀을 통해 새롭게 깨닫게 되었거나 받은 은혜를 나누어 봅시다.

제22주

성령을 받았습니까

♣ 예배 가이드: *성령이 임하셔야 우리는 주님을 올바로 믿을 수 있습니다. 성령 충만을 사모하는 성도가 됩시다.*

▪ **본문** : 사도행전 19장 1~7절

▪ **찬송** : 182장, 187장

▪ **요절**

“바울이 그들에게 안수하매 성령이 그들에게 임하시므로 방언도 하고 예언도 하니” (행 19:6)

장자가 이런 말을 했습니다. “좁은 연못에 사는 개구리에게 바다를 이야기할 수 없고 여름 한 철을 사는 벌레에게 차가운 얼음을 이야기할 수 없다.” 경험해야지만 깨달을 수 있다는 뜻입니다. 마가의 다락방에 120명의 성도가 모였을 때 성령께서 그곳에 임하시고 난 후 우리는 성령께서 역사하시고 주관하시는 성령의 시대를 살아가고 있습니다.

예수님을 믿는다는 것은 이론적으로, 지식적으로 믿는 것이 아닙니다. 성령을 받아야만 살아계시고 역사하시는 예수님을 믿을 수 있습니다. 성령을 받고 성령충만함으로 살아야 우리는 승리하는 삶을 살아갈 수 있습니다.

1. 성령을 받아야 믿을 수 있습니다.

“이르되 너희가 믿을 때에 성령을 받았느냐 이르되 아니라 우리는 성령이 계심도 듣지 못하였노라”(행19:2).

바울이 에베소에서 어떤 제자들을 만나 성령을 받았느냐 물었습니다. 그러나 그들은 성령이 계심도 듣지 못했다고 말합니다. 이는 온전한 믿음이라고 할 수 없습니다.

"내가 아버지께로부터 너희에게 보낼 보혜사 곧 아버지께로부터 나오시는 진리의 성령이 오실 때에 그가 나를 증언하실 것이요"(요15:26).

예수님에 대해 알고 있고 하신 일에 대해 듣는다고 믿음이 생기는 것이 아닙니다. 성령을 받아야 우리는 그 예수님이 나의 예수님, 살아계시고 역사하시는 예수님이라는 것이 믿어지게 됩니다. 그렇다면 왜 이들의 믿음이 온전한 믿음이 되지 못했을까요?

"알렉산드리아에서 난 아볼로라 하는 유대인이 에베소에 이르니 이 사람은 언변이 좋고 성경에 능통한 자라 그가 일찍이 주의 도를 배워 열심히 예수에 관한 것을 자세히 말하며 가르치나 요한의 침례만 알 따름이라"(행18:24~25).

아볼로가 예수님에 대해 깊이 연구하고 열심히 사람들에게 가르쳤으나 예수님을 자신이 직접 경험하고 직접 체험하지는 못하고 자신이 아는 한계 안에서 예수님에 관한 것만 가르쳤던 것입니다.

하나님을 믿는다며 교회에서 믿음생활도 하고 교회의 일을 하면서도 성령을 받지 못하고 성령이 있음도 알지 못하는 사람들이 있습니다. 이런 믿음은 신앙생활하는 것이 참 힘이 듭니다. 하나님의 말씀을 깨닫기도 힘들고 기도하기도 힘들고 십일조를 드리는 것도 힘들고 온전한 신앙과 믿음을 갖는 것도 힘들기 때문입니다. 성령을 받고 온전한 신앙과 믿음을 가지기 바랍니다.

2. 성령을 받으면 변화가 일어납니다.

"바울이 그들에게 안수하매 성령이 그들에게 임하시므로 방언도 하고 예언도 하니"(행19:6).

성령을 받은 사람과 안 받은 사람은 확연한 구분이 있습니다. 어떤 변화가 있을까요? 첫째, 성결의 변화 즉 영적 변화가 일어납니다.

"예수께서 대답하시되 진실로 진실로 네게 이르노니 사람이 물과 성령으로 나지 아니하면 하나님의 나라에 들어갈 수 없느니라"(요3:5).

물로 주는 침례를 통해 자신의 죄를 시인하게 되고, 성령이 임한 후에는 회개하게 되어 성결케 되고 참된 거듭남을 얻게 됩니다.

둘째, 인격의 변화가 일어납니다. 성령 받은 사람은 말에 변화가 생기고 습관의 변화가 생기고 생각의 변화가 생깁니다. 셋째, 성령님의 인도를 받게 됩니다.

"무릇 하나님의 영으로 인도함을 받는 사람은 곧 하나님의 아들이라"(롬 8:14).

넷째, 능력을 받게 되고 예수의 증인이 됩니다.

"오직 성령이 너희에게 임하시면 너희가 권능을 받고 예루살렘과 온 유대와 사마리아와 땅 끝까지 이르러 내 증인이 되리라 하시니라"(행1:8).

고린도전서 12장에 나오는 성령의 9가지 은사를 받게 됩니다. 그리고 예수의 증인으로서의 삶을 살게 됩니다.

3. 성령 충만한 사람들입니다.

"또 어떤 이들은 조롱하여 이르되 그들이 새 술에 취하였다 하더라"(행2:13).

술에 취한 사람과 성령 충만한 사람은 비슷한 현상이 있습니다. 말이 많고 겁이 없고 잘 울고 냄새(향기)가 나고 없으면 못 살게 됩니다.

"술 취하지 말라 이는 방탕한 것이니 오직 성령으로 충만함을 받으라"(엡 5:18).

"내가 이르노니 너희는 성령을 따라 행하라 그리하면 육체의 욕심을 이루지 아니하리라"(갈5:17).

스펄전 목사님은 "성령과 함께 하지 않는 사람은 동력이 끊어진 방앗간이다."라고 말했고 빌 그레이엄 목사님은 "성령 충만을 받지 않으면 당신은 하나님 앞에 죄를 짓고 있는 것이다."라고 말했습니다.

성령 충만은 성령과의 친밀한 교제의 상태를 말합니다. 영적인 교제는 어떻게 이루어질 수 있습니까? 기도입니다. 예배입니다. 말씀입니다. 성령이 임하셔야 우리는 주님을 올바로 믿을 수 있습니다. 성령 충만을 사모하시기 바랍니다. 성령님이 우리를 도우시고 회복시키시고 고치시고 인도하여 주시기를 사모하며 성령님의 인도하심 가운데 살아가는 성도가 되길 바랍니다.

[피드백]

빈칸에 알맞은 단어는 무엇입니까?

1. "예수께서 대답하시되 진실로 진실로 네게 이르노니 사람이 □과 □□으로 나지 아니하면 하나님의 □□에 들어갈 수 없느니라"(요3:5)

2. "오직 성령이 너희에게 임하시면 너희가 □□을 받고 예루살렘과 온 유대와 사마리아와 땅 끝까지 이르러 내 □□이 되리라 하시니라"(행1:8)

3. "술 취하지 말라 이는 □□한 것이니 오직 □□으로 충만함을 받으라"(엡5:18)

나눔과 적용

1. 성령을 받기 전과 받은 후, 나의 모습은 어떻게 달라졌습니까?
2. 성령님이 나에게 오셔서 하신 일, 하고 계신 일은 어떤 것이 있습니까?
3. 성경에서는 우리가 어떻게 해야 성령 충만에 이를 수 있다고 말씀합니까?
4. 말씀을 통해 새롭게 깨닫게 되었거나 받은 은혜를 나누어 봅시다.

제23주

세상의 소금, 세상의 빛

♣ 예배 가이드: *세상 어둠 속으로 흩어져서 온 세상을 그리스도의 밝은 빛으로 비추는 성도가 됩시다.*

▪ **본문** : 마태복음 5장 13~16절

▪ **찬송** : 502장, 516장

▪ **요절**

"이같이 너희 빛이 사람 앞에 비치게 하여 그들로 너희 착한 행실을 보고 하늘에 계신 너희 아버지께 영광을 돌리게 하라"(마 5:16)

사람에게는 자신의 정체성이 매우 중요합니다. 에릭 에릭슨이라는 심리학자는 "정체성이 없이는 살아있다는 느낌은 없다."라고 말했습니다. '정체성'이란 '변하지 아니하는 존재의 본질을 깨닫는 성질, 또는 그 성질을 가진 독립적인 존재'를 뜻합니다.

예수님을 믿는 그리스도인으로 우리의 정체성이 분명해야 합니다. 세상 사람들과 다른 우리만의 정체성, 우리만의 특징은 무엇입니까? 예수님은 소금과 빛이라고 말씀하시고 그것도 세상 속에서의 소금과 빛이라 말씀하십니다.

1. 우리는 소금입니다.

"너희는 세상의 소금이니 소금이 만일 그 맛을 잃으면 무엇으로 짜게 하리요 후에는 아무 쓸데 없어 다만 밖에 버려져 사람에게 밟힐 뿐이니라"(마5:13).

세상에는 여러 종류의 소금이 있고 소금의 가치는 짠 맛으로 결정합니다. 불순물이 적으면 적을수록 강한 짠맛을 내는 것이 진짜 소금입니다. 소금은 어떤 역할을 합니까?

음식에 간을 해서 맛을 냅니다. 마찬가지로 그리스도인들은 세상의 맛을 내는 사람들이 되어야 합니다. 예수님 없는 이 세상은 삶의 맛, 의미가 없다는 것을 알려주어야 합니다. 또 소금은 음식의 부패를 방지하고 보존하는 방부제 역할을 합니다. 부패하고 썩어진 세상 속에 그리스도인이 들어가면 그 안에 변화가 일어나야 합니다.

빌 하이벨스 목사님은 『예수를 전염시키는 사람들』이라는 책에서 "소금이 된다는 것은 갈증을 유발하는 것이다."라고 표현했습니다. 세상 사람들이 그리스도인을 만나게 되면 영적 갈증을 느껴야 한다는 뜻입니다. 예수님 믿는 사람이 들어가 영원한 삶에 대한 목마름을 느끼게 하는 영적 갈증을 일으키고, 이전에는 죄에 대해 무감각하게 살다가 영적 갈증을 느끼게 만드는 소금 같은 사람이 되어야 한다는 것입니다. 소금인줄 알고 맛을 보았는데 맛을 잃어버리고 세상 사람들의 맛이나 나의 맛이나 별 차이가 없다면 우리는 버려지게 됩니다.

2. 우리는 빛입니다.

"너희는 세상의 빛이라 산 위에 있는 동네가 숨겨지지 못할 것이요"(마5:14).

빛은 꺼져가는 촛불이라 해도 그 존재감이 분명합니다. 등대가 밤을 항해하는 배들에게 길을 안내해주는 것처럼 성도는 영적인 어둠이 뒤덮여 갈 길을 몰라 하는 인생들에게 길을 안내하는 빛이 되어야 합니다.

"너희가 전에는 어둠이더니 이제는 주 안에서 빛이라 빛의 자녀들처럼 행하라 빛의 열매는 모든 착함과 의로움과 진실함에 있느니라"(엡5:8~9).

그리스도인은 세상 사람들에게 착한 행실, 그리스도를 닮은 행실을 나타냄으로 그 빛을 드러내야 합니다.

"이같이 너희 빛이 사람 앞에 비치게 하여 그들로 너희 착한 행실을 보고 하늘에 계신 너희 아버지께 영광을 돌리게 하라"(마5:16).

빛은 잃어버리는 것이 아니라 숨겨두지 않고 비치게 하라고 합니다. 그리스도인은 그 자체로 빛을 나타내는 자들이 되어야 합니다. 그래서 성도를 만나면 어두웠던 사람의 얼굴에서 생기가 나게 하고 낙심했던 사람들이 살 길을 찾게 되고 어둠 가운데 방황하던 사람들이 꿈과 소망을 찾게 해야 합니다. 하지만 우리는 스스로는 빛을 만들어낼 수 없습니다. 우리 안에 은혜로 성령의 충만이 있어야 빛을 나타낼 수 있음을 명심하기 바랍니다.

3. 우리는 세상 속에 소금과 빛입니다.

"너희는 세상의 소금이라…"(마5:13). "너희는 세상의 빛이라…"(마5:14).

13절의 '세상'은 '지구(earth)'라 표현하고 이는 타락하고 죄악가운데 있는 이 땅을 뜻하고, 14절의 '세상'은 '세계(world)'라 표현하고 하나님이 창조하신 세상을 뜻합니다. 따라서 우리는 죄악된 세상에서는 부패를 방지하고 정결하게 하는, 죄를 이기는 힘을 가진 소금이 되어야 하고, 목적을 잃어버린 세상, 하나님의 긍휼을 필요로 하는 세상 속에서는 치유와 회복으로 인도하는 빛이 되어야 합니다.

세상에서 소금으로, 빛으로 살아가는 것은 결코 쉬운 일이 아닙니다. 찬양 「작은 불꽃 하나가」의 가사입니다.

'작은 불꽃 하나가 큰 불을 일으키어 곧 주의 사람들 그 불에 몸 녹이듯이 주님의 사랑 이같이 한 번 경험하면 그의 사랑 모두에게 전하고 싶으리'

우리는 세상으로 나가야합니다. 소금끼리 모여 있는 것이 아니라 맛을 잃어버린 세상으로 나가 마음껏 녹아져서 소금의 역할을 감당하고, 교회 안에서 빛들의 전쟁을 하는 것이 아니라 어둠 속으로 흩어져서 온 세상을 그리스도의 밝은 빛으로 비추는 성도가 되어야 합니다. 이것이 바로 하나님의 뜻이고, 우리 그리스도인의 정체성이며 빛 된 사명입니다. 세상은 소금 같은 그리스도인, 빛을 비추는 그리스도인을 원하고 있습니다. 이제 우리는 정체를 드러내야 합니다. 소금으로, 빛으로 그 맛과 빛으로 가정을 살리고 교회를 살리고 세상을 살리며 하나님께 영광 돌리는 삶을 살아가기 바랍니다.

[피드백]

빈칸에 알맞은 단어는 무엇입니까?

1. "너희가 전에는 어둠이더니 이제는 주 안에서 □이라 □□ 자녀들처럼 행하라 □□ □□는 모든 착함과 의로움과 진실함에 있느니라"(엡5:8~9)

2. "이같이 너희 □이 사람 앞에 비치게 하여 그들로 너희 □□ □□을 보고 하늘에 계신 너희 아버지께 영광을 돌리게 하라"(마5:16)

3. "너희는 세상의 □□이니 소금이 만일 □ □을 잃으면 무엇으로 짜게 하리요 후에는 아무 쓸데 없어 다만 밖에 버려져 사람에게 밟힐 뿐이니라"(마5:13).

나눔과 적용

1. 나의 신앙생활의 모습을 통해 구원받은 성도가 있다면 누구입니까?
2. 어떻게 하는 것이 그리스도인의 빛 된 사명을 이루는 길입니까?
3. 세상 속에서 빛과 소금으로서 역할을 하기 위해 오늘 할 일은 무엇입니까?
4. 말씀을 통해 새롭게 깨닫게 되었거나 받은 은혜를 나누어 봅시다.

제24주

어떻게 지켜야 하는가

♣ **예배 가이드:** *하나님을 사랑하는 마음으로 말씀에 순종하며, 더욱 하나님의 사랑을 힘입어 살아가는 성도가 됩시다.*

▪ **본문** : 마태복음 5장 17~20절

▪ **찬송** : 200장, 204장

▪ **요절**

"그러므로 누구든지 이 계명 중의 지극히 작은 것 하나라도 버리고 또 그같이 사람을 가르치는 자는 천국에서 지극히 작다 일컬음을 받을 것이요 누구든지 이를 행하며 가르치는 자는 천국에서 크다 일컬음을 받으리라" (마 5:19)

십년이면 강산도 변한다는 말이 있었습니다. 그런데 요즘은 세상이 변하는데 1년이 채 걸리지 않는 것 같습니다. 더군다나 코로나로 인해 우리의 삶에 수많은 변화들이 생겨났습니다. 사람들이 살아가는 삶의 양식만 변하는 것이 아니라 사람들의 가치관의 기준도 변하기 시작했습니다. 하지만 절대로 변하지 말아야 하는 것들이 있습니다.

삶의 본질은 변하면 안 됩니다. 하나님이 만드신 자연의 질서를 인간 중심으로, 인권이라는 것이 우선되어서 자연의 순리와 법칙을 역행하게 하면 안 됩니다. 그에 대한 보응을 우리가 받게 되기 때문입니다. 또 세상의 모든 것이 변해도 성도들의 믿음은 결코 변하면 안 됩니다. 신앙의 본질, 믿음의 본질은 반드시 지키고 있어야 합니다. 어떻게 지켜야 할까요?

1. 말씀의 권위를 인정해야 합니다.

"진실로 너희에게 이르노니 천지가 없어지기 전에는 율법의 일점일획도 결코 없어지지 아니하고 다 이루리라"(마5:18).

하나님의 말씀은 구약성경이든 신약성경이든 중요하지 않는 말씀은 하나도 없고 모든 말씀은 반드시 성취될 것입니다. 어거스틴은 "신약은 구약 속에 감추어져 있고 구약은 신약 속에서 드러난다"라고 말했습니다.

"모든 성경은 하나님의 감동으로 된 것으로 교훈과 책망과 바르게 함과 의로 교육하기에 유익하니 이는 하나님의 사람으로 온전하게 하며 모든 선한 일을 행할 능력을 갖추게 하려 함이라"(딤후3:16~17).

성경은 창세기부터 요한계시록까지 하나님의 감동으로 쓰인 살아있는 하나님의 말씀입니다. 이 말씀의 권위를 인정하며 우리는 하나님의 말씀아래 순종해야 합니다.

"그러므로 누구든지 이 계명 중의 지극히 작은 것 하나라도 버리고 또 그같이 사람을 가르치는 자는 천국에서 지극히 작다 일컬음을 받을 것이요 누구든지 이를 행하며 가르치는 자는 천국에서 크다 일컬음을 받으리라"(마5:19).

성도는 십계명을 지켜야 하고 온전한 십일조를 해야 하고 주일을 거룩히 지켜야 합니다. 하나님이 지키라고 하신 명령을 내 임의대로 바꿀 수는 없는 것입니다. 노력해서 안 되는 것도 있고 지키려고 하지만 실수할 때도 있습니다. 그래서 하나님께 긍휼의 은혜를 구하는 것입니다. 어떠한 말씀이든지 그 권위를 인정하고 지켜 행하려는 순종이 있을 때 하나님께서 복되게 하실 것입니다.

2. 더 나은 열심이 있어야 합니다.

"내가 너희에게 이르노니 너희 의가 서기관과 바리새인보다 더 낫지 못하면 결코 천국에 들어가지 못하리라"(마5:20).

바리새인과 서기관은 자신의 의를 드러내기 위해서 말씀을 암송하고 율법을 지키고 십일조를 지켰습니다. 원래 '바리새인'이라는 말의 뜻은 '구별된, 분리된 사람'이라는 뜻입니다. 바벨론 포로시대 이후 이스라엘의 신앙을 이끈 지도자들이 바로 바리새인들입니다. 그들은 타락한 이방 문화와 구별된 삶을 살려고 노력한 사람들이었습니다. 그래서 율법 연구에 열심이었고 하나님의 계명을 지키기에 충성한 사람들이었는데 그들의 의가 하나님의 의를 드러내는 것이 아니라 자신들의 의를 주장하는 방패가 되어 버렸습니다. 우리들은 바리새인과 같이 자신의 의를 드러내는 것이 아닌 하나님의 의를 드러내야 하고 바리새인들의 열심보다 더 열심히 성결의 삶과 말씀 중심의 삶을 살아야 합니다.

3. 오직 예수님 안에서만 가능케 됩니다.

"내가 율법이나 선지자를 폐하러 온 줄로 생각하지 말라 폐하러 온 것이 아니요 완전하게 하려 함이라"(마5:17).

율법은 우리가 아무리 지키려고 해도 우리의 힘으로는 지킬 수가 없습니다. 우리는 연약하기 때문입니다. 그렇기에 은혜로우신 하나님은 율법을 구원의 조건으로 삼지 않으시고 오직 하나님의 은혜로만 구원을 얻도록 해주셨습니다. 다만 우리는 율법을 통해서 하나님의 은혜를 깨달으면 됩니다. 그렇다면 우리는 율법을 어떻게 지켜야 하고 하나님이 기뻐하시는 율법을 어떻게 행할 수 있습니까?

"율법이 육신으로 말미암아 연약하여 할 수 없는 그것을 하나님은 하시나니 곧 죄로 말미암아 자기 아들을 죄 있는 육신의 모양으로 보내어 육신에 죄를 정하사 육신을 따르지 않고 그 영을 따라 행하는 우리에게 율법의 요구가 이루어지게 하려 하심이니라"(롬8:3~4).

예수님은 십자가에서 모든 율법을 완성하셨습니다. 무엇으로 완성하셨습니까? 바로 사랑으로 완성하셨습니다.

"새 계명을 너희에게 주노니 서로 사랑하라 내가 너희를 사랑한 것 같이 너희도 서로 사랑하라 너희가 서로 사랑하면 이로써 모든 사람이 너희가 내 제자인 줄 알리라"(요13:34~35).

예수님이 사랑으로 율법을 완전하게 하셨기 때문에 우리는 주님이 주신 계명을 사랑하여 하나님의 말씀을 대하고 하나님이 지키라고 명령하신 것에 순종해야 합니다. 억지로 하는 것이 아니라 하나님을 사랑하는 마음으로 순종할 때 하나님의 사랑을 입고 살아갈 것을 믿으시기 바랍니다.

[피드백]

빈칸에 알맞은 단어는 무엇입니까?

1. "그러므로 누구든지 이 □□ 중의 지극히 작은 것 하나라도 버리고 또 그같이 사람을 가르치는 자는 천국에서 지극히 □□ 일컬음을 받을 것이요 누구든지 이를 행하며 가르치는 자는 천국에서 □□ 일컬음을 받으리라"(마5:19)

2. "내가 율법이나 선지자를 □□□ 온 줄로 생각하지 말라 폐하러 온 것이 아니요 □□□□ 하려 함이라"(마5:17)

3. "새 계명을 너희에게 주노니 서로 □□□□ 내가 너희를 사랑한 것 같이 너희도 서로 □□□□ 너희가 서로 사랑하면 이로써 모든 사람이 너희가 내 □□인 줄 알리라"(요13:34~35)

나눔과 적용

1. 나는 하나님 말씀의 권위와 능력을 믿고 그 은혜를 힘입어 살고 있습니까?
2. 내가 버려야 할 죄의 습관과 이루어야 할 영적 습관이 있다면 무엇입니까?
3. 우리가 말씀을 지키려고 노력하지만, 실제로 이것은 어떻게 가능합니까?
4. 말씀을 통해 새롭게 깨닫게 되었거나 받은 은혜를 나누어 봅시다.

제25주

예수님처럼 참으라

♣ **예배 가이드:** *마음의 분노와 미워하는 마음을 버리고, 오직 화목하게 하신 예수님을 생각하여 오래 참는 성도가 됩시다.*

▪ **본문** : 마태복음 5장 21~26절

▪ **찬송** : 218장, 327장

▪ **요절**

"그러므로 예물을 제단에 드리려다가 거기서 네 형제에게 원망들을 만한 일이 있는 것이 생각나거든 예물을 제단 앞에 두고 먼저 가서 형제와 화목하고 그 후에 와서 예물을 드리라" (마 5:23~24)

그리스도인으로 살아가는 것이 결코 쉽지만은 않습니다. 왜 그럴까요? 신앙생활은 단순한 단답형이나 객관식의 문제 같지 않기 때문입니다. 하나님은 우리에게 십계명을 주시며 해야 할 것과 하지 말아야 할 것을 율법으로 주셨지만 단순하게 그것만 지키는 것이 아니라 어떻게 해야 하나님을 사랑하는 것이고, 어떻게 해야 사람을 사랑하는 것인지 구체적으로 말씀하셨습니다.

살인하지 말라는 말씀은 단순히 사람을 해하는 그런 살인만을 뜻하신 것이 아니라 그 안에서 우리에게 요구하시는 순종이 무엇인지를 우리는 깨달아야 합니다. 그렇다면 우리는 어디서부터 시작해야 할까요?

1. 분노를 버리라.

"나는 너희에게 이르노니 형제에게 노하는 자마다 심판을 받게 되고 형제를 대하여 라가라 하는 자는 공회에 잡혀가게 되고 미련한 놈이라 하는 자는 지옥 불에 들어가게 되리라"(마5:22).

대한신경정신의학회의 2015년도 조사에 따르면 우리나라 성인의 52%가 분노조절이 잘 안 되는 상태라고 합니다. 그 중에서도 치료가 필요한 사람이 11% 즉 10명 중의 1명이라는 것입니다. 그런데 분노가 우리의 감정만 상하게 하는 것이 아니라 육체도 병들게 한다는 사실을 알고 계십니까? 갑작스런 분노는 심장병을 유발할 정도로 위험하다고 합니다. 더군다나 분노는 우리의 영혼도 상하게 합니다.

"분노가 미련한 자를 죽이고 시기가 어리석은 자를 멸하느니라"(욥5:2).

창세기 4장에 보면 가인과 아벨이 하나님께 제물을 드렸습니다. 그런데 하나님이 아벨과 그의 제물은 받으셨는데 가인의 제물은 받지 않으셨습니다. 그러자 가인이 몹시 분하여 안색이 변했습니다.

"여호와께서 가인에게 이르시되 네가 분하여 함은 어찌 됨이며 안색이 변함은 어찌 됨이냐 … 죄가 너를 원하나 너는 죄를 다스릴지니라"(창4:6~7).

하나님께서 가인에게 죄를 다스리라고 말씀하십니다. 그러나 분노를 다스리지 못한 가인은 인류 최초로 동생을 쳐 죽인 살인을 저지르게 됩니다. 분노는 항상 대상을 찾습니다. '누구 때문'이라는 호칭을 붙여서 자신의 분노를 정당화하려고 합니다.

이 분노는 살인과 같은 것이고 죄를 짓게 만들어버립니다. 화는 사탄이 주는 마음입니다. 분노를 버리고 평강을 지키는 성도가 되길 바랍니다.

2. 미움을 버리라.

"나는 너희에게 이르노니 형제에게 노하는 자마다 심판을 받게 되고 형제를 대하여 라가라 하는 자는 공회에 잡혀가게 되고 미련한 놈이라 하는 자는 지옥 불에 들어가게 되리라"(마5:22)

'라가'라는 말은 아람어로 '속이 비어있다'는 뜻의 욕이고 '미련한 놈'이라는 말도 상대방을 비하하는 욕입니다. 그런데 한 번도 욕이나 남을 비방한 적이 없는 사람이 있을까요? 형제에 대해서 욕한 사람은 지옥 불에 들어가게 된다고 말씀합니다. 주님은 비방하고 미워하는 것

자체가 살인이라고 말씀하십니다. 왜냐하면 하나님께서는 행동 전에 이미 마음의 태도를 보고 계시기 때문입니다.

"사람의 행위가 자기 보기에는 모두 깨끗하여도 여호와는 심령을 감찰하시느니라"(잠16:2)

주일학교 때 부르던 찬양이 있었습니다. '(1절) 아름다운 마음들이 모여서 주의 은혜 나누며 예수님을 따라 사랑해야지 우리 서로 사랑해 (2절) 이다음에 예수님을 만나면 우리 뭐라 말할까 그때는 부끄러움 없어야지 우리 서로 사랑해 (후렴) 하나님이 가르쳐준 한 가지 네 이웃을 네 몸과 같이 미움 다툼 시기 질투 버리고 우리 서로 사랑해'

3. 화목을 이루라.

"그러므로 예물을 제단에 드리려다가 거기서 네 형제에게 원망들을 만한 일이 있는 것이 생각나거든 예물을 제단 앞에 두고 먼저 가서 형제와 화목하고 그 후에 와서 예물을 드리라"(마5:23~24).

신앙생활에서 하나님과의 관계만 중요하게 생각하고 사람과의 관계는 무시해도 된다고 생각하면 안 됩니다. 먼저 사람과의 관계 회복을 이루고 다시 와서 하나님과 회복을 이루라고 말씀합니다.

내 개인의 신앙생활은 올바르고 하나님과의 관계는 철저한데 성도간에 불화와 상처가 있거나 가정 안에서 상처를 주고 분노와 미움이 있다면 하나님이 받으시는 예배자의 삶이 아닙니다. 누구를 위해 화목해야 합니까? 내 영이 살아나기 위해서 하나님과의 영적 회복을 얻기 위해서 내 안에 화를 풀어야 합니다.

사랑의 원자탄이라 불리는 손양원 목사님은 자신의 두 젊은 아들을 총으로 쏴서 죽게 한 자를 자신의 양자로 받아들이셨습니다. 이는 두 아들의 순교의 핏값을 생명을 살리는 것으로 변화시키신 것입니다. 주님 안에 있으면 용서받지 못할 죄가 없고 용서받지 못할 사람도 없습니다. 왜냐면 우리 모두는 예수님의 핏값으로 구원받은 사람들이기 때문입니다.

이 세상의 사람들 중에 예수님만큼 참으셨던 분이 또 있을까요? 내 안의 분노를 버리시기 바랍니다. 미움을 버리세요. 그리고 화목을 회복하시기 바랍니다.

[피드백]

빈칸에 알맞은 단어는 무엇입니까?

1. "나는 너희에게 이르노니 형제에게 노하는 자마다 □□을 받게 되고 형제를 대하여 라가라 하는 자는 공회에 잡혀가게 되고 미련한 놈이라 하는 자는 □□ □에 들어가게 되리라"(마5:22)

2. "사람의 행위가 자기 보기에는 모두 □□하여도 여호와는 □□을 감찰하시느니라"(잠16:2)

3. "그러므로 예물을 제단에 드리려다가 거기서 네 형제에게 □□들을 만한 일이 있는 것이 생각나거든 예물을 제단 앞에 두고 먼저 가서 형제와 □□하고 그 후에 와서 예물을 드리라"(마5:23~24)

나눔과 적용

1. 내가 크게 분노하는 것의 원인은 어디에 있을까요? 그 결과는 어떻습니까?
2. 올라오는분노의감정을다스리고상대방을진심으로사랑한경험이있습니까?
3. 내가 분노를 버리고 오늘 화해의 손길을 내밀어야 할 사람은 누구입니까?
4. 말씀을 통해 새롭게 깨닫게 되었거나 받은 은혜를 나누어 봅시다.

[6.25 기념주일]

제26주

견디고 지켜야 하는 것들

♣ **예배 가이드:** *음행하지 말며, 우리 안의 거룩함을 깨뜨리지 않는 성도가 됩시다.*

▪ **본문 :** 마태복음 5장 27~32절

▪ **찬송 :** 264장, 286장

▪ **요절**

"또 간음하지 말라 하였다는 것을 너희가 들었으나 나는 너희에게 이르노니 음욕을 품고 여자를 보는 자마다 마음에 이미 간음하였느니라" (마 5:27~32)

사람 안에는 기본적으로 욕구가 있습니다. 건강한 욕구는 삶을 살아가는 가장 기본적인 조건이자 존재의 이유입니다. 그러나 그 욕구가 욕심이 되고 그것이 지나쳐 나의 마음과 영혼까지도 지배해버리고 내가 다스릴 수 없는 정욕이 되어 버리면 그것은 하나님의 뜻에 어긋나는 죄가 되는 것입니다. 그러므로 우리는 육신의 욕구, 육신에 매여 있지 말고 그리스도의 영, 성령에 매여 있는 성도가 되어야 합니다. 어떻게 해야 할까요?

1. 마음을 지키라.

"나는 너희에게 이르노니 음욕을 품고 여자를 보는 자마다 마음에 이미 간음하였느니라"(마5:28).

'음욕을 품다'라는 말의 헬라어 표현은 '~에게로'와 '음욕을 품다'가 합쳐진 말입니다. 즉 '내 욕망을 채우기 위해서 상대를 보는 것'입니다. 어떤 사람을 쳐다보고 좋아하는 마음이 생기는 것은 자연스럽게 생기는 감정이지만 상대를 자신의 욕망을 채우기 위해 쳐다보고 있다면 그것은 이미 간음죄를 지은 것이라는 뜻입니다. 우리가 병에 걸렸을 때

증세의 치료도 중요하지만 그것을 일으키는 몸속의 바이러스를 없애는 것이 더 중요합니다. 마찬가지로 죄가 우리 안에 자리 잡지 않도록 마음을 지키는 것이 더 중요합니다. 얼굴로 드러나지 않고 말로 표현하지 않았다고 해서 죄로부터 자유로운 것이 아니라 항상 내 마음을 지키기 위해 예수님의 십자가의 보혈로 정결함을 입어야 합니다. 찬송가 258장 「샘물과 같은 보혈은」입니다. '샘물과 같은 보혈은 주님의 피로다 보혈에 죄를 씻으면 정하게 되겠네 정하게 되겠네 정하게 되겠네 보혈에 죄를 씻으면 정하게 되겠네'

2. 영혼을 지키라.

"만일 네 오른 눈이 너로 실족하게 하거든 빼어 내버리라 네 백체 중 하나가 없어지고 온 몸이 지옥에 던져지지 않는 것이 유익하며 또한 만일 네 오른손이 너로 실족하게 하거든 찍어 내버리라 네 백체 중 하나가 없어지고 온 몸이 지옥에 던져지지 않는 것이 유익하니라"(마5:29~30).

예수님께서 왜 이렇게 무시무시한 말씀을 하셨을까요? 우리 몸을 불구로 만들면서까지 죄를 짓지 말라는 것입니까? 아닙니다. 내 영혼이 지옥에 가도록 내버려 두지 말라는 뜻입니다.

그래서 '온 몸이 지옥에 던져지지 않는 것이 유익하다'는 말을반복해서사용하고있는것입니다.

"한 번 죽는 것은 사람에게 정해진 것이요 그 후에는 심판이 있으리니"(히9:27).

육신은 죽으면 없어져 버리지만 우리의 영혼은 그렇지 않습니다. 죽지 않고 사라지지 않습니다. 그리고 반드시 심판을 받게 됩니다. 그 심판에서 내 영혼을 지키고 지옥에 가지 않기 위해 오른 눈을 빼고 오른 손을 자르는 고통과 각오를 가지고 우리의 영혼을 지켜야만 하는 것입니다.

"너희가 죄와 싸우되 아직 피 흘리기까지는 대항하지 아니하고"(히12:4).

오늘날의 문제가 죄를 대항해서 싸울 힘이 없는 것입니다. 그저 죄를 합리화하는데 열심을 내고 있습니다. 죄가 죄가 아니라고 말하고 세상 사람들이 다 그렇게 하니 괜찮다고 합니다. 아닙니다. 우리는 죄와 맞서서 피 흘리기까지 싸워야 합니다. 우리의 영혼을 반드시 죄로부터 지켜야 합니다.

3. 거룩함을 지키라.

"또 일렀으되 누구든지 아내를 버리려거든 이혼 증서를 줄 것이라 하였으나 나는 너희에게 이르노니 누구든지 음행한 이유 없이 아내를 버리면 이는 그로 간음하게 함이요 또 누구든지 버림받은 여자에게 장가드는 자도 간음함이니라"(마5:31~32).

이혼문제는 세상에서나 교회 안에서나 민감한 부분입니다. 상처와 아픔이 없는 헤어짐은 없습니다. 다 사연이 있고 이유가 있습니다. 예수님께서 이 말씀을 하시는 것은 이혼 이전에 결혼에 대한 신성함을 말씀하고 계신 것입니다. 결혼은 인간의 필요로 만들어진 것이 아니라 하나님이 만드신 것입니다.

"그런즉 이제 둘이 아니요 한 몸이니 그러므로 하나님이 짝지어 주신 것을 사람이 나누지 못할지니라 하시니"(마19:6).

올바른 결혼 생활, 하나님이 기뻐하시는 결혼에는 반드시 거룩함이 유지되어야 합니다.

"오직 너희를 부르신 거룩한 이처럼 너희도 모든 행실에 거룩한 자가 되라"(벧전1:15).

예수님은 이혼을 해도 된다, 하지 말아야 한다는 말씀을 하시는 것이 아니라 음행하지 말라, 너희 안에 거룩함을 깨뜨리지 말라고 말씀하고 계십니다. 거룩해야 죄와 싸울 수 있습니다. 거룩함이 우리의 무기입니다. 우리가 거룩할 때 하나님의 성령이 우리 안에서 마음껏 일하실 수 있습니다. 어떤 시험과 유혹이 온다 해도 끝까지 견디고 지켜서 승리의 삶을 살기 바랍니다.

[피드백]

빈칸에 알맞은 단어는 무엇입니까?

1. "한 번 죽는 것은 □□에게 정해진 것이요 그 후에는 □□이 있으리니"(히9:27)

2. "그런즉 이제 둘이 아니요 □ □이니 그러므로 하나님이 □□□ 주신 것을 사람이 나누지 못할지니라 하시니"(마19:6)

3. "오직 너희를 부르신 □□한 이처럼 너희도 모든 행실에 □□한 자가 되라"(벧전1:15)

나눔과 적용

1. 사람들이 음행을 행하는 원인은 무엇이며, 그 결과는 어떻게 됩니까?
2. 음행의유혹이올때,말씀에의지하며구체적으로어떻게해야이길수있습니까?
3. 내가마음을지키고,거룩함을지키기위해싸우며노력해야할것은무엇입니까?
4. 말씀을 통해 새롭게 깨닫게 되었거나 받은 은혜를 나누어 봅시다.

[맥추감사주일]

제27주

감사로 돌리는 영광

♣ 예배 가이드: *주신 하나님의 은혜를 기억하며 하나님께 영광을 돌리는 성도가 됩시다.*

▪ **본문** : 누가복음 17장 11~19절

▪ **찬송** : 428장, 429장

▪ **요절**

"그 중의 한 사람이 자기가 나은 것을 보고 큰 소리로 하나님께 영광을 돌리며 돌아와 예수의 발 아래 엎드리어 감사하니 그는 사마리아 사람이라" (눅 17:15~16)

본문에서 예수님은 열 명의 나병환자를 고치셨습니다. 그런데 고침을 받은 열 명 중에 단 한 명 만 예수님께 돌아와 발아래 엎드려 감사했습니다. 그러자 주님은 열 명 모두 고침을 받았는데 나머지 아홉 명은 어디에 있느냐 물으십니다.

왜 이렇게 물으셨을까요? 돌아온 사람과 돌아오지 않은 사람의 차이를 우리가 알아야 합니다. 돌아온 한 사람은 감사를 했고 돌아오지 않은 사람은 감사하지 않은 것입니다. 이들의 차이가 무엇일까요?

1. 감사는 은혜를 기억하는 것입니다.

감사는 받은 은혜를 기억하면서부터 시작되는 것입니다. 반대로 은혜를 기억하지 못한다면 감사할 수 없습니다. 여기에서 기억한다는 것은 단순히 기억 속에 있는 것을 불러오는 것이 아니라 의식적으로 기억 속에 남겨 두는 것을 뜻합니다. 열 명의 나병환자들은 멀리서 주님께 자신들을 불쌍히 여겨 달라고 소리를 높여 외쳤습니다.

그래서 예수님께서 그들의 병을 고쳐주셨습니다. 그들의 인생이 바뀌었습니다. 그런데 은혜를 기억한 사람은 한 명 뿐이고 나머지 아홉은 돌아오지도 않았습니다. 어쩌면 이들의 이야기는 지금 우리들의 이야기일 수 있습니다.

우리는 주님으로부터 너무나도 많은 것을 받았습니다. 죽을 수밖에 없는 내 영혼을 주님이 구원해주지 않으셨습니까? 천국을 약속하시고 하나님의 자녀로 만들어주셨습니다. 그리고 지금까지 삶의 순간순간마다 주님이 인도해주셨습니다. 그런데도 감사하지 못하고 살아간다면 돌아오지 않은 아홉 명에게 손가락질 할 자격이 없습니다. 주님께 받은 구원의 은혜를 기억하며 감사하기 바랍니다.

2. 감사는 은혜의 자리로 돌아오는 것입니다.

"보시고 이르시되 가서 제사장들에게 너희 몸을 보이라 하셨더니 그들이 가다가 깨끗함을 받은지라"(눅17:14).

누가복음 5장에도 예수님이 나병환자를 고치시고 말씀하십니다.

"예수께서 그를 경고하시되 아무에게도 이르지 말고 가서 제사장에게 네 몸을 보이고 또 네가 깨끗하게 됨으로 인하여 모세가 명한 대로 예물을 드려 그들에게 입증하라 하셨더니"(눅5:14).

이는 레위기 13장과 14장을 근거로 말씀하시는 것입니다. 예수님이 나병환자들에게 제사장에게 가서 몸을 보이라고 하신 것은 이들이 완전히 고침을 받았다는 것을 의미합니다.

그런데 본문에 고침을 받은 아홉 명은 사라져버리고 돌아오지 않았습니다. 왜 그랬을까요? 그들에게는 더 이상 이 마을로 돌아올 이유가 없어졌기 때문입니다. 자신이 목적하는 것만 이루면 언제든지 떠날 마음이 있었던 사람들이었습니다. 은혜를 받으면 은혜의 자리를 기억하고 돌아오는 사람이 있는가 하면 은혜를 받고 축복을 받으면 그 자리를 잊어버리고 떠나려고만 하는 사람들도 있습니다. 주님께 은혜를 입은 사람은 주님께로 돌아와야 합니다. 은혜의 자리로 돌아오는 것이 감사를 실천하는 것입니다.

3. 감사는 은혜를 영광으로 돌려드리는 것입니다.

우리는 은혜를 받으면 그 은혜를 갚아야 한다고 생각합니다. 사람과 사람 사이에는 그렇습니다. 그러나 하나님과 우리 사이에서는 하나님으로부터 받은 은혜를 똑같이 은혜로 갚을 수가 없습니다. 그저 하나님께 영광으로 올려드려야 합니다. 이는 하나님이 하나님 되심을 우리가 인정해드리는 것입니다. 하나님께 영과 진리로 예배하며 하나님께 최고의 영광을 올려드리는 것입니다. 하나님은 우리 인생 전체를 원하십니다. 하나님께 진실된 영광을 돌리는 삶을 원하십니다.

"그 중의 한 사람이 자기가 나은 것을 보고 큰 소리로 하나님께 영광을 돌리며 돌아와 예수의 발 아래 엎드리어 감사하니 그는 사마리아 사람이라"(눅17:15~16).

이 사람은 지금 자신은 다시 태어난 인생임을 인정하고 이제부터는 자신의 인생이 주님의 것이라고 고백하고 있습니다. 물질을 초월하고 인간의 시간과 노력과 헌신을 초월하는 영광을 주님께 올려드리는 것이 진짜 감사입니다. 사도 바울은 이렇게 고백합니다.

"그러나 내가 나 된 것은 하나님의 은혜로 된 것이니 내게 주신 그의 은혜가 헛되지 아니하여 내가 모든 사도보다 더 많이 수고하였으나 내가 한 것이 아니요 오직 나와 함께 하신 하나님의 은혜로라"(고전15:10).

감사는 은혜를 깨달아야 감사할 수 있습니다. 그리고 감사는 내가 눈물 흘리는 그 자리, 때로는 벗어나고 싶고 도망가고 싶어서 몸부림치는 그 자리를 지키고 있을 때 주님이 찾아오시면 그때부터 감사의 자리, 축복의 자리가 됩니다. 그리고 감사는 모든 영광을 하나님께 올려드리는 것입니다. 우리에게 주신 하나님의 은혜를 기억하면서 하나님께 모든 영광을 돌리며 살아가는 성도가 되기 바랍니다.

[피드백]

빈칸에 알맞은 단어는 무엇입니까?

1. "보시고 이르시되 가서 □□□□에게 너희 몸을 보이라 하셨더니 그들이 가다가 □□□을 받은지라"(눅17:14)

2. "그러나 내가 나 된 것은 하나님의 □□로 된 것이니 내게 주신 그의 은혜가 헛되지 아니하여 내가 모든 사도보다 더 많이 □□하였으나 내가 한 것이 아니요 오직 나와 함께 하신 하나님의 □□로라"(고전15:10)

3. "그 중의 한 사람이 자기가 나은 것을 보고 큰 소리로 하나님께 □□을 돌리며 돌아와 예수의 발 아래 엎드리어 □□하니 그는 사마리아 사람이라"(눅17:15~16)

나눔과 적용

1. 지금까지 인도해주신 것에 대해 구체적인 감사제목이 있다면 무엇입니까?
2. 참된 감사를 드리기 위해 내가 찾아야 할 은혜의 장소는 어디입니까?
3. 예수님께서 내게 진정으로 원하시는 감사의 모습은 무엇입니까?
4. 말씀을 통해 새롭게 깨닫게 되었거나 받은 은혜를 나누어 봅시다.

제28주

믿음직한 성도

♣ **예배 가이드:** *지키지 못할 약속과 맹세로 서로 속이지 말고, 진실한 말과 행함으로 신실한 성도가 됩시다.*

▪ **본문** : 마태복음 5장 33~37절

▪ **찬송** : 453장, 455장

▪ **요절**

"오직 너희 말은 옳다 옳다 아니라 아니라 하라 이에서 지나는 것은 악으로부터 나느니라" (마 5:37)

세상에 믿을 것이 없다는 말을 종종 듣습니다. 그래서 사람들은 자신의 힘을 키우려고 하기에 권력, 재물, 인맥, 사회적 지위를 가지려고 애를 쓰고 그런 것을 가진 사람을 믿을만한 사람이라고 말합니다. 하지만 정작 힘이 있는 사람들이 믿음직한 사람이 맞을까요?

우리는 뉴스를 통해 세상에서 힘이 있는 사람이 한 순간에 거짓말쟁이가 되어 추락하는 일을 종종 보게 됩니다. 누가 진짜 믿음직한 사람일까요? 우리 그리스도인들이 믿음직한 사람이 되어야 합니다. 하나님을 믿는 그 믿음으로 세상에서도 믿음직한 사람으로 인정받기 바랍니다.

"나는 너희에게 이르노니 도무지 맹세하지 말지니…"(마5:34).

지금 예수님은 '맹세하지 말라'고 말씀하고 있습니다. 왜 맹세하지 말라고 하셨을까요?

1. 맹세는 반드시 지켜야 합니다.

당시 유대인들은 너무나도 쉽게 맹세를 했습니다. 맹세란 반드시 지켜야 하는 것인데 습관적으로 하는 맹세는 오히려 지키지도 못하는 것이 되어 그것이 죄가 되었습니다. 바리새인들은 자기 가족, 자식, 재산뿐 아니라 자신의 머리와 심지어 수염까지도 걸고 맹세를 했습니다. 왜 그랬을까요? 자신의 말에 힘을 실어주기 위해서, 자신을 드러내기 위해 지키지도 못할 맹세를 난발한 것입니다. 하나님의 이름을 걸고 하는 맹세는 반드시 지켜야 하기 때문에 지키지 않으려는 맹세는 다른 것들을 걸고 맹세를 한 것입니다.

그리고 나중에 지키지 못할 때에는 '하나님의 이름으로 맹세하지 않았는데 뭐'라는 식으로 넘어갔습니다. 모든 맹세는 하나님 앞에 지켜져야 하는 것입니다. 지키지 않는 모든 맹세는 하나님을 속이는 것이고 하나님의 이름을 오용하고 남용하는 것, 바로 죄입니다. 그리고 때로는 죄를 지을 때 마치 하나님의 눈과 귀를 가릴 수 있다고 생각하기도 합니다. 하나님의 이름으로 하는 맹세만 지키는 것이 아니라 맹세 자체가 지키라고 있는 것이라는 것을 명심해야 합니다.

하나님과의 특별한 약속만 지키는 것이 아니라 예수님을 믿고 고백했던 신앙의 고백들, 주님을 어떻게 섬기고 어떻게 헌신하며 어떻게 지키겠다고 고백했던 그 약속과 맹세들을 잘 지키며 살아가기 바랍니다.

2. 자신에게 맹세하지 말아야 합니다.

"나는 너희에게 이르노니 도무지 맹세하지 말지니…"(마5:34).

맹세가 반드시 지켜야 하는 것이기에 때론 지키지도 못할 맹세니까 하지도 말자고 생각할 수도 있습니다. 예수님이 그 말씀을 하시는 것일까요? 아닙니다. 자신을 맹세하지 말라, 자신을 믿지 말라는 뜻입니다. 우리는 어떤 것을 정말로 하겠다고 했다가도 돌아서면 마음이 바뀌고 딴 생각을 합니다. 은혜가 충만할 때는 주님께 서원하며 주님 위해 살겠다, 헌신하겠다고 고백했다가 은혜가 떨어지고 낙심이 오고 자신의 기준에 맞지 않으면 잊어버리고 바꾸는 것이 우리의 모습입니다.

그래서 주님께서는 자신을 걸고 맹세하지 말고 하나님을 의지하고 인도하심을 받으라고 말씀하시는 것입니다.

"나는 너희에게 이르노니 도무지 맹세하지 말지니 하늘로도 하지 말라 이는 하나님의 보좌임이요 땅으로도 하지 말라 이는 하나님의 발등상임이요 예루살렘으로도 하지 말라 이는 큰 임금의 성임이요 네 머리로도 하지 말라 이는 네가 한 터럭도 희고 검게 할 수 없음이라"(마5:34~36).

하늘, 땅, 예루살렘, 심지어 우리들도 모두 하나님의 것입니다. 그 어떤 것도 내 것은 없습니다. 그러므로 맹세는 하나님께 달려있는 것이고 맹세는 하나님 앞에서 하는 것입니다. 맹세가 중요한 것이 아니라 그것을 이루어가시고 지킬 수 있도록 하시는 하나님을 의지해야 합니다.

"사람이 마음으로 자기의 길을 계획할지라도 그의 걸음을 인도하시는 이는 여호와시니라"(잠16:9).

3. 믿음직하게 말해야 합니다.

"오직 너희 말은 옳다 옳다 아니라 아니라 하라 이에서 지나는 것은 악으로부터 나느니라"(마5:37).

사람에게 신뢰가 쌓이는 것은 하루아침에 생겨나는 것이 아닙니다. 신임을 얻고 믿음직한 사람이 되는 것은 시간이 필요하고 검증이 필요합니다. 믿음직한 사람은 언제나 정직을 선택하고 옳은 것에 대해 옳다고 말하고 죄에 대하여 아니라고 말합니다. 나 자신은 얼마나 정직합니까? 다른 사람에 대해 정직한가, 잘못된 것을 지적하기 전에 먼저 스스로에게 질문해봐야 합니다.

그리고 하나님 앞에 얼마나 정직한 성도인가 살펴봐야 합니다. 세상에서는 정직하게 사는 것, 진실하게 사는 것이 어리석다고 말합니다. 오히려 조금 과장되게, 조금 거짓을 섞어서, 조금 위장하고 포장해서 사는 것이 지혜롭다고 말합니다. 그러나 하나님은 그 모든 것이 다 거짓이라고 말씀하심을 우리는 분명하게 알아야 합니다. 바리새인들의 맹세가 자신들의 거짓과 위선을 감추기 위한 거짓이었기에 하나님이 싫어하셨습니다. 말은 그 속에 진리를 감추면 약해지지만 거침이 없고 감춤이 없다면 능력이 나타납니다.

"진리를 알지니 진리가 너희를 자유롭게 하리라"(요8:32).

말에 진실함이 있고 오직 진리만을 말하는 성도가 되길 바랍니다. 하나님 앞에 믿음직한 성도, 세상 속에서도 믿음직한 성도로 살아가기 바랍니다.

"그런즉 거짓을 버리고 각각 그 이웃과 더불어 참된 것을 말하라 이는 우리가 서로 지체가 됨이라"(엡4:25).

[피드백]

빈칸에 알맞은 단어는 무엇입니까?

1. "오직 너희 말은 옳다 옳다 아니라 아니라 하라 이에서 지나는 것은 □으로부터 나느니라"(마5:37)
2. "그런즉 □□을 버리고 각각 그 이웃과 더불어 □□ □을 말하라 이는 우리가 서로 지체가 됨이라"(엡4:25)
3. "사람이 마음으로 자기의 길을 □□할지라도 그의 걸음을 인도하시는 이는 □□□시니라"(잠16:9)

나눔과 적용

1. 우리는 왜 쉽게 약속하고 지키지 못하며, 또 다시 못 지킬 약속을 하게 됩니까?
2. 과거에 약속하고도 지키지 못한 것이 있다면, 이제 어떻게 할 수 있겠습니까?
3. 하나님 앞에서 헌신하며 드린 약속을 나는 어떤 모습으로 지키고 있습니까?
4. 말씀을 통해 새롭게 깨닫게 되었거나 받은 은혜를 나누어 봅시다.

제29주

원수도 사랑하라

♣ 예배 가이드: *나에게 악한 일을 행한 사람에게 그대로 되갚는 것이 아니라, 사랑으로 품고 용서해주는 성도가 됩시다..*

- **본문** : 마태복음 5장 38~48절
- **찬송** : 304장, 311장
- **요절**

"또 네 이웃을 사랑하고 네 원수를 미워하라 하였다는 것을 너희가 들었으나 나는 너희에게 이르노니 너희 원수를 사랑하며 너희를 박해하는 자를 위하여 기도하라" (마 5:43~44)

리처드 마우는 『무례한 기독교』라는 책에서 이렇게 말했습니다. "그리스도인들이 다른 문화와 종교를 가진 자들에게 복음의 진리를 드러내기 위해서는 무엇보다도 정중하고 친절하며 관용하는 태도, 즉 기독교적 교양과 예절을 갖추어야 한다." 그리스도인들이 왜 친절하고 용서해야 합니까? 복음의 진리를 드러내야 하기 때문입니다. 예수님은 오늘 본문에서 '악한 자를 대적하지 말라' '너희 원수를 사랑하라' '너희를 박해하는 자를 위해 기도하라'고 말씀합니다. 주님이 원하시는 삶은 세상의 사람들이 보기에는 이해할 수 없는 삶을 요구하십니다. 이것은 바로 천국의 삶이요 천국 백성의 삶입니다.

1. 대적하지 말라.

"나는 너희에게 이르노니 악한 자를 대적하지 말라 누구든지 네 오른편 뺨을 치거든 왼편도 돌려 대며"(마5:39).

그런데 성경의 많은 부분에서 악에 대해 저항하고 대적하라고 말합니다. "그러므로 하나님의 전신갑주를 취하라 이는 악한 날에 너희가 능히 대적하고 모든 일을 행한 후에 서기 위함이라"(엡6:13). "그런즉 너희는 하나님께 복종할지어다 마귀를 대적하라 그리하면 너희를 피하리라"(약4:7).

우리는 악에 대해 대적해야 합니다. 이 악은 죄를 말하는 것입니다. 대적해야 할 악한 자는 사탄, 마귀를 말하고 있습니다. 그러면 주님께서 말씀하시는 대적하지 말아야 할 악한 자는 누구를 말하는 것입니까? 사탄, 마귀, 죄가 아닌 자신이 악한 자임을 깨닫지 못하는 이들, 죄가 죄인지 모르고 저지르는 세상 사람들을 말하는 것입니다. '네 오른 뺨을 치는 자'(마5:39), '고발하여 속옷을 가지고자 하는 자'(마5:40), '너로 억지로 오 리를 가게 하는 자'(마5:41), 뺨을 맞는 것은 모욕을 뜻하고, 속옷을 내어주는 것은 금전적인 손해, 억지로 끌고 가는 것은 자유를 빼앗은 것을 뜻합니다. 예수님은 이러한 자들의 행위가 악한 것이라는 것을 부인하지 않으십니다. 다만 불합리하고 부당한 조건 속에서도 우리는 참고 인내하고 베풀어야 한다고 말씀합니다. 왜 그래야 합니까? 바로 주님이 그렇게 하셨기 때문입니다. "욕을 당하시되 맞대어 욕하지 아니하시고 고난을 당하시되 위협하지 아니하시고 오직 공의로 심판하시는 이에게 부탁하시며 친히 나무에 달려 그 몸으로 우리 죄를 담당하셨으니 이는 우리로 죄에 대하여 죽고 의에 대하여 살게 하려 하심이라 그가 채찍에 맞음으로 너희는 나음을 얻었나니"(벧전2:23~24). 우리는 심령이 연약한 자를 대적하지 말고 오히려 그리스도의 사랑으로 품기 바랍니다.

2. 사랑하라.

"또 네 이웃을 사랑하고 네 원수를 미워하라 하였다는 것을 너희가 들었으나 나는 너희에게 이르노니 너희 원수를 사랑하며 너희를 박해하는 자를 위하여 기도하라"(마5:43~44). 기독교 신앙을 대표하는 것이 바로 사랑입니다. 문제는 '누구를 얼마나 사랑해야 하는가'일 것입니다. 주님은 이웃도 사랑하고 원수도 사랑하라 즉 사랑에 대상이 없다고 말씀하십니다. 비가 내리면 키가 크고 멋진 나무에는 비가 내리고 작고 못 생긴 나무에는 비가 안 내리는 것이 아니라 작든지 크든지 예쁘든지 못 생겼든지 모든 나무가 그 비에 젖습니다. 이것이 바로 하나님의 은혜, 하나님의 사랑입니다. 그런데 우리들이 어떻게 원수를 사랑할 수 있을까요? 원수가 되지 않으면 됩니다. 원수가 변하여 이웃이 되게 해야 합니다. 그리고 원수를 사랑하는 법은 원수가 아니라고 생각하는 것입니다. 내가 연약한 사람이라고 생각한다면 그 사람도 연약한 자라고 생각하면 됩니다. 내가 은혜 입은 사람이라면 그 사람도 은혜가 필요한 사람, 내가 기도가 필요한 사람이라면 그 사람도 기도가 필요한 사람이고 생각하면 됩니다. 원수를 위해 기도하기 바랍니다. 깨닫지 못하는 죄에서부터 벗어날 수 있도록, 하나님을 모르고 죄악 가운데 사는 자가 그 죄에서 벗어나 하나님의 자녀가 되도록 기도하고 용서하고 사랑하기 바랍니다.

3. 온전하라.

"그러므로 하늘에 계신 너희 아버지의 온전하심과 같이 너희도 온전하라"(마5:48). 여기에서 '온전하다'는 말은 '완벽하다'의 뜻이 아니라 '닮아가라' '성숙하라'의 뜻입니다. "이같이 한즉 하늘에 계신 너희 아버지의 아들이 되리니 이는 하나님이 그 해를 악인과 선인에게 비추시며 비를 의로운 자와 불의한 자에게 내려주심이라"(마5:45). 심판은 하나님이 하시는 것입니다. 다만 우리는 불완전하여 감정에 흔들리지 말고 끝까지 선을 지키고 사랑의 마음을 지켜서 하나님의 형상으로 완전해져 가야 합니다. 원수를 사랑하는 이 사랑은 '아가페'라는 말로 기록되어 있습니다. 아가페 사랑은 헌신적인 사랑, 모자람이 없는 사랑, 주님이 우리를 사랑하신 그 사랑이 바로 아가페 사랑입니다. 그래서 내가 주님으로부터 받은 사랑이 아가페 사랑이라는 것을 깨달은 사람만이 사랑할 수 있습니다. 불완전한 나를 완전한 자로 구원해주신 하나님의 그 사랑과 은혜를 기억하여 나에게 상처를 주고 해를 끼치고 고통을 준 자에게 원수로 갚는 것이 아니라 사랑으로 품고 용서해 주기 바랍니다. 하나님이 대신 갚아주십니다. 원수에게 왼쪽 뺨을 내밀고 겉옷까지 내어주고 십 리까지 함께 걸어가면 주님이 대신 맞아주시고 주님이 흘리신 그 피에 젖은 옷을 입혀주시고 주님이 업고 대신 걸어가 주실 것입니다. 오직 주님 의지하며 주님이 사랑하신 그 원수도 사랑하는 성도가 되길 바랍니다.

[피드백]

빈칸에 알맞은 단어는 무엇입니까?

1. "나는 너희에게 이르노니 악한 자를 □□하지 말라 누구든지 네 오른편 뺨을 치거든 □□도 돌려 대며"(마5:39)

2. "욕을 당하시되 맞대어 욕하지 아니하시고 □□을 당하시되 위협하지 아니하시고 오직 공의로 □□하시는 이에게 부탁하시며 친히 나무에 달려 그 몸으로 □□ □를 담당하셨으니 이는 우리로 죄에 대하여 죽고 □에 대하여 살게 하려 하심이라 그가 채찍에 맞음으로 너희는 □□을 얻었나니"(벧전2:23~24)

3. "또 네 이웃을 사랑하고 네 원수를 □□□□ 하였다는 것을 너희가 들었으나 나는 너희에게 이르노니 너희 원수를 사랑하며 너희를 □□하는 자를 위하여 기도하라"(마5:43~44).

나눔과 적용

1. 우리가 악한 자를 대적하지도 말고, 끝까지 사랑해야 할 이유는 무엇입니까?
2. 원수를 향하여 우리가 할 최선의 방법을 성경에서는 무엇이라 말씀합니까?
3. 우리가 온전하기 위해 오늘 바로 실천해야 하는 하나님의 뜻은 무엇입니까?
4. 말씀을 통해 새롭게 깨닫게 되었거나 받은 은혜를 나누어 봅시다.

제30주

은밀하게 구제하라

♣ **예배 가이드:** *은밀한 중에 갚으시는 하나님의 상을 받기 위해 은밀하게 수고하고 헌신하는 성도가 됩시다.*

▪ **본문** : 마태복음 6장 1~4절

▪ **찬송** : 218장, 503장

▪ **요절**

"사람에게 보이려고 그들 앞에서 너희 의를 행치 않도록 주의하라 그렇지 아니하면 하늘에 계신 너희 아버지께 상을 얻지 못하느니라" (마 6:1)

사회에서 사람들에게 대접을 받으려면 '3척'을 잘해야 한다고 합니다. '잘난 척, 있는 척, 아닌 척'입니다. 옛날에는 겸손이 미덕이었습니다. 알아도 아는 척 하지 않고, 잘나도 잘난 척 하지 않고, 있어도 있는 척을 하지 않아야 되었습니다. 그러다 2천 년 대에 들어오면서 자기 자신을 알려야 하는 '자기 PR(Public Relation)시대'가 왔습니다. 대중에게 자기 자신을 홍보하는 시대가 온 것입니다. 그리고 이 말은 피할 건 피하고 알릴 건 알리자는 말도 됩니다. 점점 내 자신을 드러내고 과시하는 것이 부끄러운 것이 아니라 자랑이 된 시대가 되었습니다. 그런데 이런 PR이 자신의 과시 욕구가 되어 분에 맞지 않는 모습을 보인다든지 거짓된 것을 위조하여 나타내려고만 한다면 차라리 나타내지 않는 것이 훨씬 더 유익할 수도 있습니다.

본문에서 주님은 바리새인들 안에 있는 이런 종교적 과시에 대해 말씀하고 계십니다. 신앙생활은 사람에게 보이려고 사람에게 인정받으려고 하는 것이 아니라 하나님께 인정받아야 하는 것입니다. 어떻게 해야 하나님께 복 받는 섬김, 복 받는 구제를 할 수 있을까요?

1. 하나님만 보시는 의를 나타내야 합니다.

"사람에게 보이려고 그들 앞에서 너희 의를 행치 않도록 주의하라 그렇지 아니하면 하늘에 계신 너희 아버지께 상을 얻지 못하느니라"(마6:1).

'구제'라는 말은 영어로 'Giving'이라 하고 뜻이 '마음이 넓은, 자비가 있는' 즉 물질적인 의미보다 감정적인 의미가 담겨있습니다. 당시 바리새인들은 구제와 기도와 금식, 이 세 가지를 중요하게 여겼습니다. 그래서 이것을 행함으로 자신들 스스로 의로운 자들이라고 인정했습니다. 문제가 여기서부터 시작됩니다. 의로운 자로 인정하는 것은 하나님이 인정하셔야 하는 것입니다. 1절 후반절에 '~하늘에 계신 너희 아버지께 상을 얻지 못하느니라'는 말씀은 하나님께 인정받지 못한다는 뜻입니다. 세상의 논리는 사람에게 잘하면 사람에게 보상받는 것이지만 주님은 사람에게 받는 보상, 사람에게 받는 인정을 구하지 말라고 말씀하십니다. 스위스의 종교개혁자 칼뱅의 좌우명 가운데 하나가 '코람데오(Coram Deo)'였습니다. 또한 마르틴 루터가 종교개혁으로 고난을 겪으며 보름스 의회 앞에서 재판을 받을 때 생사의 갈림길에 서 있는 그가 하늘을 쳐다보며 이렇게 말했습니다. "하나님! 제가 지금 하나님 앞에 서 있습니다." 우리는 사람 앞에서 의를 나타내는 것이 아니라 하나님 앞에서 우리의 신앙의 의를 나타내고 믿음의 의를 나타내는 사람들이 되어야 합니다.

2. 사람에게서 받는 영광을 주의하라.

"그러므로 구제할 때에 외식하는 자가 사람에게 영광을 얻으려고 회당과 거리에서 하는 것 같이 너희 앞에 나팔을 불지 말라 진실로 너희에게 이르노니 저희는 자기 상을 이미 받았느니라"(마6:2).

예수님은 사람들에게 보이기 위해 행동하는 자들을 '외식하는 자'라고 부르셨습니다. 특히 바리새인들에게 이렇게 부르셨는데, '외식'의 원어의 뜻은 '배우(Actor)'입니다. 외식하는 자들은 마치 연기를 하는 것처럼 겉으로 행동하는 것과 속으로 품은 마음이 다른 사람입니다. 하나님께 영광을 돌린다고 하면서 사람에게 영광을 받으려고 하는 것, 즉 주님의 이름으로 구제를 한다고 하면서 자신의 이름이 드러나기를 바라는 자들입니다. 사람들은 그 사람의 겉모습만 보기 때문에 잘 모르지만 하나님은 속마음을 아십니다. 우리 마음의 진짜 동기를 알고 계십니다. 사람에게 보이는 것은 쉽고 그만큼 만족함이 큽니다. 그러나 하나님께만 보이는 헌신, 하나님께만 보여드리는 신앙생활은 외롭습니다. 사람도 몰라주고 때로는 하나님도 몰라주시는 것 같을 때가 있습니다. 그러나 하나님은 다 기억하고 계산하고 계신다는 것을 분명하게 알아야 합니다. 사람에게 받는 영광에 맛이 들면 하나님으로부터 받는 은혜와 축복의 맛을 잃어버리게 됩니다. 사람에게 받는 영광, 칭찬에 익숙해지지 마시기 바랍니다. 그 영광, 그 칭찬은 나의 것이 아닙니다. 하나님의 것입니다.

3. 은밀한 중에 보시는 하나님께 집중하라.

"너는 구제할 때에 오른손의 하는 것을 왼손이 모르게 하여"(마6:3).

오른손이 하는 것을 왼손이 모를 수 있을까요? 이 비유는 두 가지를 의미합니다. 첫째는 오른손으로 하는 헌신, 구제, 봉사와 섬김을 다른 사람들에게 알리지 말라는 것입니다. 왼손이 알아야 한다고 기대하지 말라는 것입니다. 둘째는 우리 자신도 내가 얼마나 헌신했는지, 얼마나 구제를 했는지에 대해 스스로 의식하지 말라는 것입니다. 자꾸 오른손이 했던 일을 스스로 생각하고 되새기다보면 결국 그것이 우리로 하여금 자기의 의를 드러내는 것으로 전락할 수 있기 때문입니다.

"네 구제함을 은밀하게 하라 은밀한 중에 보시는 너의 아버지가 갚으시리라"(마6:4).

사람은 받은 은혜도 잊어버리고 감사한 일도 잊어버리지만 하나님은 절대로 잊어버리지 않으시고 다 기억하고 계십니다. 그리고 은밀한 중에 갚아주십니다. 기대하지 않을 때, 예상하지 않는 순간에 아무런 기대와 소망이 없어 낙심하는 그 순간에 우리에게 갚아주심을 믿으시기 바랍니다. 주님은 우리들에게 바리새인보다 더 나은 의를 제시하고 계십니다. 오직 하나님으로부터 오는 상을 받기 위해 은밀하게 수고하고 헌신하고, 은밀한 중에 갚아주시는 하나님을 믿고 그 분을 기쁘시게 하는 삶을 살아가는 성도가 되길 바랍니다.

[피드백]

빈칸에 알맞은 단어는 무엇입니까?

1. "사람에게 보이려고 그들 앞에서 너희 □를 행치 않도록 주의하라 그렇지 아니하면 하늘에 계신 너희 아버지께 □을 얻지 못하느니라"(마6:1)

2. "그러므로 구제할 때에 외식하는 자가 사람에게 □□을 얻으려고 회당과 거리에서 하는 것 같이 너희 앞에 □□을 불지 말라 진실로 너희에게 이르노니 저희는 자기 □을 이미 받았느니라"(마6:2)

3. "네 구제함을 □□하게 하라 은밀한 중에 보시는 너의 아버지가 갚으시리라"(마6:4)

나눔과 적용

1. 사람들에게 보이려는 것과 하나님 앞에 선다는 것의 차이는 무엇입니까?
2. 사람들 앞에서 보이며, 내 공로를 드러내는 신앙생활이 왜 위험합니까?
3. 은밀한 중에 갚으시는 하나님의 도우심을 내가 체험한 적이 있습니까?
4. 말씀을 통해 새롭게 깨닫게 되었거나 받은 은혜를 나누어 봅시다.

제31주

은밀하게 기도하라

♣ 예배 가이드: *사람들에게 보이기 위한 것이 아닌, 하나님께 집중되고 진실한 기도를 구체적으로 올려드리는 성도가 됩시다.*

▪ **본문** : 마태복음 6장 5~15절

▪ **찬송** : 364장, 539장

▪ **요절**

"너는 기도할 때 네 골방에 들어가 문을 닫고 은밀한 중에 계신 네 아버지께 기도하라 은밀한 중에 보시는 네 아버지께서 갚으시리라" (마 6:6)

예수님을 믿고 신앙생활을 할 때 가장 중요한 것이 있다면 그것은 기도입니다. "기도는 호흡이다(The prayer is breathing)."라고 말하는데 이는 인간은 잠깐이라도 호흡을 멈추면 살 수 없듯 믿는 자가 기도하지 않으면 살 수 없다는 뜻입니다. 주님께서도 기도에 대해 항상 본을 보이시고 강조하셨습니다. 그런데 사실 기도하는 것이 쉽지만은 않습니다. 기도는 영적인 것으로 영이신 하나님과 영으로 만나는 것이기 때문입니다. 그렇다면 우리는 어떻게 기도해야 할까요?

1. 하나님이 들으시는 기도를 하라.

"또 너희는 기도할 때에 외식하는 자와 같이 하지 마라 그들은 사람에게 보이려고 회당과 큰 거리 어귀에서 서서 기도하기를 좋아하느니라 내가 진실로 너희에게 이르노니 그들은 자기 상을 이미 받았느니라"(마6:5).

예수님이 책망하시는 바리새인의 기도는 외식하는 기도, 즉 사람에게 보이기 위한 기도였습니다. 기도는 하나님께 하는 것인데 사람들에게 인정받으려고 사람들이 듣는 기도를 한 것입니다. 우리가 하지 말아야 할 기도가 바로 이것입니다. 우리의 기도는 하나님이 들으시는 기도, 하나님께 집중하는 기도가 되어야 합니다. 존 맥아더 목사는 "기도에 대한 우리의 자세는 나의 기도에 하나님이 응답하시느냐 안 하시느냐가 아니라 기도하라는 하나님의 그 명령에 순종하기만 하면 하나님의 뜻대로 행하신다."라고 말했습니다.

하나님을 향한 기도, 하나님을 향한 예배, 사명과 헌신도 하나님을 향해서 열심히 해야 하는데 사람에게 보여지는 것이 되는 순간부터 그 선한 목적은 사라지게 됩니다. 기도는 유창하게 잘하는 것이 중요한 것이 아니라 정말 하나님을 향한 간절한 기도를 해야 합니다.

2. 골방에서 기도하라.

"너는 기도할 때 네 골방에 들어가 문을 닫고 은밀한 중에 계신 네 아버지께 기도하라 은밀한 중에 보시는 네 아버지께서 갚으시리라"(마6:6).

왜 기도할 때 골방에서 문을 닫고 기도해야 할까요? 기도를 방해하고 산만하게 하는 것들을 차단하고, 사람들의 눈을 차단하고 하나님께만 집중하는 기도를 하라는 것입니다. 기도의 골방은 어떤 사람에게는 자동차 안, 직장의 사무실, 학교 기숙사의 옷장 안이 될 수도 있고 집의 안방, 다락방, 창고가 될 수도 있습니다. 우리는 하나님과 영적인 만남을 이루는 기도의 골방이 꼭 있어야 합니다. 주님은 우리에게 기도의 골방으로 들어가서 문을 닫고 은밀하게 기도하라고 말씀합니다. 그러면 그곳에 하나님이 함께 하십니다.

요즘 많은 부부의 갈등 원인이 소통의 부재라고 합니다. 부부 사이에 대화가 적기 때문입니다. 부부관계의 회복을 위한 첫 번째 솔루션이 부부간 대화의 시간을 만드는 것입니다. 그 시간만큼 서로에게 집중하는 대화의 시간을 가지면 부부관계가 화목해질 수 있다고 합니다. 하나님과 우리와의 관계도 마찬가지입니다.

하나님께만 집중하는 시간을 가져야 합니다. 그것이 바로 골방의 기도입니다. 우리가 은밀한 중에 하나님께 집중하여 기도하면 은밀한 중에 보시는 하나님께서 들으시고 우리의 기도에 응답해주십니다.

3. 구체적인 기도를 하라.

"또 기도할 때에 이방인과 같이 중언부언하지 말라 그들은 말을 많이 하여야 들으실 줄 생각하느니라"(마6:7).

'중언부언'이라는 말은 영어로 'empty phrases(비어있는 문장, 말이 되지 않는 문장)'입니다. 아무런 의미가 없는, 마음도 뜻도 없어 하나님도 이해할 수 없는 기도가 중언부언하는 기도입니다. 그래서 예수님이 우리에게 기도를 가르쳐주셨습니다.

"그러므로 너희는 이렇게 기도하라 하늘에 계신 우리 아버지여 이름이 거룩히 여김을 받으시오며"(마6:9).

기도의 대상, 중심은 바로 하나님 아버지입니다. 그리고 기도는 하나님이 어떤 분이신지 알고 그 하나님께 의존해야만 하는 우리의 연약함을 고백하는 것입니다. 칼뱅은 기도에 대해 "우리는 기도를 통해 오직 하나님만 바란다고 선언해야 한다."라고 말했습니다.

"그러므로 그들을 본받지 말라 구하기 전에 너희에게 있어야 할 것을 하나님 너희 아버지께서 아시느니라"(마6:8).

하나님은 우리의 아버지이시고 우리의 모든 필요를 다 알고 계십니다. 그래서 때로는 어떻게 기도할지, 무엇을 기도해야 할지 모를 때에도 주님께 도와달라고 엎드려 부르짖기만 하면 성령께서 우리를 대신해서 친히 간구해 주십니다.

"이와 같이 성령도 우리의 연약함을 도우시나니 우리는 마땅히 기도할 바를 알지 못하나 오직 성령이 말할 수 없는 탄식으로 우리를 위하여 친히 간구하시느니라"(롬8:26).

진실된 기도, 구체적인 기도로 하나님께 응답받는 성도들이 되길 바랍니다.

[피드백]

빈칸에 알맞은 단어는 무엇입니까?

1. "또 너희는 기도할 때에 □□하는 자와 같이 하지 마라 그들은 사람에게 보이려고 회당과 큰 거리 어귀에서 서서 기도하기를 좋아하느니라 내가 진실로 너희에게 이르노니 그들은 □□ □을 이미 받았느니라"(마6:5)

2. "너는 기도할 때 네 □□에 들어가 문을 닫고 은밀한 중에 계신 네 아버지께 기도하라 은밀한 중에 보시는 네 □□□께서 갚으시리라"(마6:6)

3. "이와 같이 □□도 우리의 연약함을 도우시나니 우리는 마땅히 기도할 바를 알지 못하나 오직 □□이 말할 수 없는 탄식으로 우리를 위하여 친히 □□하시느니라"(롬8:26)

나눔과 적용

1. 하나님과 정기적으로 깊은 만남이 있는 나만의 골방은 어디입니까?
2. 기도함에 어떤 방해가 있을 때 하나님께 집중하는 방법이 있습니까?
3. 하나님께서 은밀하게 응답하시는 기도를 어떻게 실천할 수 있겠습니까?
4. 말씀을 통해 새롭게 깨닫게 되었거나 받은 은혜를 나누어 봅시다.

제32주

드러나지 않는 깊은 영성

♣ **예배 가이드:** *하나님께 신앙의 뿌리를 깊이 내려, 겉으로 사람들에게는 드러나지 않아도 오직 하나님만 의지하는 성도가 됩시다.*

▪ **본문** : 마태복음 6장 16~18절

▪ **찬송** : 368장, 369장

▪ **요절**

"너는 금식할 때에 머리에 기름을 바르고 얼굴을 씻으라 이는 금식하는 자로 사람에게 보이지 않고 오직 은밀한 중에 계신 네 아버지께 보이게 하려 함이라 은밀한 중에 보시는 네 아버지께서 갚으시리라" (마 6:17~18)

신앙생활을 하는 성도들은 금식이라는 단어를 들어봤거나 또는 자신이 금식기도를 해보기도 했을 것입니다. 성경에도 금식에 대한 말씀이 많이 등장합니다. 예수님도 공생애를 시작하시면서 광야에서 40일 금식을 하셨고, 히스기야가 금식하며 부르짖었을 때 죽을병에서 고침을 받았으며 다윗이 금식하며 눈물로 이불을 적셨을 때 죄사함의 은혜를 받았습니다.

종교개혁자 칼뱅은 금식의 3가지 목적에 대해 첫째로 우리 육체를 제어하게 만들고, 둘째로 하나님 앞에서 우리를 겸손하게 굽히는 증거가 되고, 셋째로 금식기도를 통해 하나님을 더 가까이 찾고 만날 수 있게 된다고 말했습니다. 이처럼 금식은 영적인 높은 단계를 요구하는 것입니다.

그런데 오늘 본문에서는 잘못된 금식이 있다고 주님이 말씀하십니다. 바리새인들이 일주일에 두 번씩 월요일과 목요일에 금식하는 것이 사람들에게 보여주는 것이 된 것에 대해 하신 말씀입니다. 그들의 금식에는 무슨 문제가 있었고 주님이 금식을 통해 우리에게 요구하시는 더 나은 의는 무엇인지 살펴봅시다.

1. 금식은 내면의 변화를 위한 것입니다.

"금식할 때에 너희는 외식하는 자들과 같이 슬픈 기색을 보이지 말라 그들은 금식하는 것을 사람에게 보이려고 얼굴을 흉하게 하느니라 내가 진실로 너희에게 이르노니 그들은 자기 상을 이미 받았느니라"(마6:16).

우리는 가끔 뉴스를 통해 정치인이나 시위하는 자들이 단식투쟁을 하는 것을 볼 수 있습니다. 이들은 자신의 주장이 수락되기를 바라며 자신의 의지를 보여주는 것입니다. 하지만 금식기도는 자신의 의지를 보여주는 단식투쟁이 아니라 오히려 내 자신을 죽이는 것입니다.

"나는 그들의 병들었을 때에 굵은 베 옷을 입으며 금식하여 내 영혼을 괴롭게 하였더니 내 기도가 내 품으로 돌아왔도다"(시35:13).

다윗이 사람들의 죄를 위하여 금식했습니다. 그것은 하나님이나 주변 사람들을 괴롭게 하는 것이 아니라 자신을 괴롭게 하는 것이었습니다. 그리고 하나님의 응답이 자신에게 임했다고 말합니다. 따라서 금식기도는 자신의 내면의 변화를 요구하는 것입니다. 내 안에 깊은 영성을 회복하기 위해서 하는 것이 바로 금식입니다. 하지만 바리새인들은 슬픈 얼굴, 흉한 얼굴로 자신이 금식한다는 것을 보여주기 위해 금식을 하고 있기에 주님이 그들을 책망하신 것입니다. 사람들은 외적인 영성, 보여지는 영성은 중요하게 여기면서 자신 안에 일어나는 심령의 변화, 더 깊은 영성을 위한 삶의 변화, 생각의 변화는 중요하게 여기지 않습니다. 하나님 앞에서 몸부림치는 영성, 하나님 없이는 살 수 없다는 그 갈급함이 우리 안에 있어야 합니다. 금식하면서 내 육신은 굶주리더라도 오직 하나님의 은혜를 구하는 것이 바로 금식기도입니다.

2. 금식은 하나님께 상을 구하는 것입니다.

"금식할 때에 너희는 외식하는 자들과 같이 슬픈 기색을 보이지 말라 그들은 금식하는 것을 사람에게 보이려고 얼굴을 흉하게 하느니라 내가 진실로 너희에게 이르노니 그들은 자기 상을 이미 받았느니라"(마6:16).

금식하는 자에게 하나님은 상을 베풀어주십니다. 금식은 내가 원하는 것을 하지 않고 하나님이 원하시는 것만 하겠다는 것입니다. 자신이 선택할 수 있음에도 그 선택을 하나님께 맡기는 것, 내 육신의 만족을 취하기보다 하나님의 만족을 선택하는 것, 세상의 자랑을 포기하고 하나님만을 따르는 것, 물질의 만족을 내려놓고 하나님께 드리는 예물을 선택하는 것, 내가 선택할 수 있는 것을 내려놓고 하나님만 의지할 때 하나님은 그를 책임지시고 응답하십니다.

그러나 바리새인들은 금식을 사람들에게 인정을 받으려는 자신의 욕구로 삼았기에 하나님의 상을 받지 못했습니다. 이사야서 58장에는 금식하는 이스라엘 백성이 하나님으로부터 책망을 받았습니다(사58:3~6). 금식이라는 종교행위는 하고 있지만 가장 중요한 하나님께 순종하고 자기 자신을 내려놓는 것에 실패했기 때문입니다. 하나님은 하나님만 바라보고 하나님만 의식할 때 가장 좋은 것으로 우리를 이끌어 가시고 상을 베푸심을 믿으시기 바랍니다.

3. 금식은 보이지 않는 깊은 영성을 나타내는 것입니다.

"너는 금식할 때에 머리에 기름을 바르고 얼굴을 씻으라 이는 금식하는 자로 사람에게 보이지 않고 오직 은밀한 중에 계신 네 아버지께 보이게 하려 함이라 은밀한 중에 보시는 네 아버지께서 갚으시리라"(마6:17~18).

우리가 어떤 일을 할 때 억지로 하는 사람과 스스로 하는 사람은 벌써 모습에서 차이가 납니다. 마찬가지로 주님이 원하시는 금식의 자세는 자발적이고 자원하는 마음으로 사명감에서 하는 금식을 원하십니다. 힘든 것, 고통받는 것은 같지만 그 고통과 시련을 기쁨으로 감당하는 사람을 하나님은 다 보고 계십니다. 하나님은 은밀한 중에 보시는 분이시기에 사람의 깊은 영성을 말하거나 드러내지 않아도 이미 알고 계십니다. 뿌리가 깊이 박힌 나무는 겉으로는 드러나지 않아도 비가 오나 바람이 부나 그 자리를 지키고 있는 것처럼 하나님께 신앙의 뿌리를 깊이 내리고 있는 사람은 겉으로는 드러나지 않아도 오직 하나님만 의지하는 그 중심을 하나님께서는 아시고 보고 계십니다. 우리의 삶이 날마다 하나님 한 분만으로 만족하는 삶, 작은 것에 감사할 수 있고 주님께만 매달려 기도하는 깊은 영성의 삶이 되길 바랍니다.

[피드백]

빈칸에 알맞은 단어는 무엇입니까?

1. "금식할 때에 너희는 □□하는 자들과 같이 슬픈 기색을 보이지 말라 그들은 금식하는 것을 □□□□ 보이려고 얼굴을 흉하게 하느니라 내가 진실로 너희에게 이르노니 그들은 □□ □을 이미 받았느니라"(마6:16)

2. "너는 금식할 때에 머리에 기름을 바르고 얼굴을 씻으라 이는 금식하는 자로 □□□□ 보이지 않고 오직 은밀한 중에 계신 네 □□□□ 보이게 하려 함이라 은밀한 중에 보시는 네 아버지께서 갚으시리라"(마6:17~18)

3. "나는 그들의 병들었을 때에 굵은 베 옷을 입으며 □□하여 내 영혼을 괴롭게 하였더니 내 □□가 내 품으로 돌아왔도다"(시35:13)

나눔과 적용

1. 하나님앞에서금식하며몸부림치면서깊은기도를드린적이언제였습니까?
2. 금식 기도하던 중 회개, 혹은 응답에 이른 경험이 있다면 무엇입니까?
3. 외적인기도행위가아닌하나님앞에참된기도로나아가려면어떻게해야합니까?
4. 말씀을 통해 새롭게 깨닫게 되었거나 받은 은혜를 나누어 봅시다.

[광복절기념주일]

제33주

두 주인을 섬기지 말라

♣ **예배 가이드:** *세상의 재물을 섬기지 말고 하나님을 내 인생의 주인으로 모셔서, 나를 책임져 주시고 가장 복된 길로 인도해 주실 것을 믿는 성도가 됩시다.*

▪ **본문** : 마태복음 6장 19~24절

▪ **찬송** : 314장, 321장

▪ **요절**

"한 사람이 두 주인을 섬기지 못할 것이니 혹 이를 미워하고 저를 사랑하거나 혹 이를 중히 여기고 저를 경히 여김이라 너희가 하나님과 재물을 겸하여 섬기지 못하느니라" (마 6:24)

사랑하는 것과 집착하는 것에는 차이가 있습니다. 사전에 사랑은 어떤 사람이나 존재를 몹시 아끼고 귀중히 여기는 마음이고 집착은 어떤 것에 늘 마음이 쏠려 잊지 못하고 매달리는 것이라고 말합니다. 특히 우리를 집착시키는 것에 물질이 있습니다. 돈과 재물에 집착하는 순간 돈만 보이고 더 나아가 그것을 숭배하게 됩니다.

팀 켈러 목사는 『내가 만든 신』이라는 책에서 "무엇이든 당신이 그것을 보며 마음 깊은 곳에서 저것만 있으면 내 삶이 의미 있어질거야. 나도 가치 있는 사람이 될 거야. 내가 중요해지고 안정감이 들거야 라고 생각하는 것이 있다면 그것은 바로 우상이고 숭배(worship)이다."라고 말했습니다.

본문에서 주님은 우리에게 두 주인을 섬기지 말라고 말씀합니다. 하나님만 믿고 하나님만 주인으로 여기며 사는 우리에게 또 다른 주인은 없는지 돌아보는 시간이 되길 바랍니다.

1. 하늘에 보물을 쌓으라.

"너희를 위하여 보물을 땅에 쌓아두지 말라 거기는 좀과 동록이 해하며 도둑이 구멍을 뚫고 도둑질하느니라 오직 너희를 위하여 보물을 하늘에 쌓아두라 거기는 좀이나 동록이 해하지 못하며 도둑이 구멍을 뚫지도 못하고 도둑질도 못하느니라"(마6:19~20). '보물'은 원어로 '데사우로스', 영어로 'treasures'인데 '가치 있는 물건'이라는 뜻으로 그 의미가 넓습니다. 그 사람이 가장 가치 있게 생각하고 추구하는 것이 바로 보물인 것입니다. 그래서 보물은 물질도 될 수 있고 지식, 명예가 보물이 될 수 있습니다. 그런데 주님은 보물을 모으는 것이 잘못이라고 말씀하는 것이 아니라 어디에 그 보물을 쌓느냐가 중요하다고 말씀합니다. 영적으로 땅에 보물을 쌓는 것은 세상 중심으로 살아가는 삶, 세상의 물질만을 바라보고 사는 삶을 뜻합니다. 그렇다면 하늘에 쌓는 보물은 무엇일까요? 영원한 삶을 위해 투자하는 것입니다. 헌신과 충성으로 하늘에 상급을 쌓아가는 것, 믿지 않는 자들에게 복음을 전하여 영생의 축복을 받게 하는 것, 하나님의 나라와 복음을 위해 우리의 재물을 사용하는 것입니다. 땅의 보물은 우리가 죽으면 모두 땅에 놓고 가야 하지만 하늘의 보물은 아무도 빼앗아갈 수도 없고 없어질 걱정도 할 필요가 없는 영원한 것입니다. '너희를 위하여'라는 말씀이 반복되는 것처럼 하늘의 보물은 나를 위하여 쌓는 것입니다. "네 보물 있는 그 곳에는 네 마음도 있느니라"(마6:21). 보물이 하늘에 있으면 우리의 마음도 자연스럽게 하늘에 있습니다. 하늘에 보물을 쌓는 자는 하나님만 주인으로 모시며 살아가는 사람입니다. 하늘에 보물을 쌓으시기 바랍니다.

2. 바른 눈으로 보라.

"눈은 몸의 등불이니 그러므로 네 눈이 성하면 온몸이 밝을 것이요 눈이 나쁘면 온몸이 어두울 것이니 그러므로 네게 있는 빛이 어두우면 그 어둠이 얼마나 더하겠느냐"(마6:22~23).

주님은 눈에 대해 '성한 눈(good eye)'으로 바로 보는 사람과 '나쁜 눈(bad eye)'으로 보는 자가 있다고 말씀합니다. 이는 영적인 눈을 의미하는 것으로 하나님의 뜻을 분별하고 하나님의 말씀을 깨닫는 영안을 말합니다. "빛이 어둠에 비치되 어둠이 깨닫지 못하더라"(요1:5). 빛으로 오신 예수님이 이 땅에 오셨지만 이스라엘 백성들은 주님을 알아보지 못했습니다. 영안이 열리지 않았기 때문입니다. 영안이 열리면 무엇이 옳은지 무엇이 잘못된 것인지 분별할 수 있게 됩니다. 바른 눈이 열려 하늘을 볼 수 있어야 하늘에 보물을 쌓는 사람이 됩니다. 바른 눈이 열려야 세상에 집착하지 않고 하늘만 바라볼 수 있습니다. 바른 눈이 열려야 우리 삶의 주인이 진짜 누구인지 알 수 있습니다. 영적인 눈이 밝히 열려서 빛 가운데 살아가기 바랍니다.

3. 한 주인만 섬기라.

"한 사람이 두 주인을 섬기지 못할 것이니 혹 이를 미워하고 저를 사랑하거나 혹 이를 중히 여기고 저를 경히 여김이라 너희가 하나님과 재물을 겸하여 섬기지 못하느니라"(마6:24). '하나님과 재물을 겸하여 섬기지 못하느니라'는 말씀은 하나님과 재물 중 누구를 섬길 것인가를 결정하라는 뜻이 아닙니다. 오직 하나님만 섬겨야 하는 것이지 재물은 주인의 자리에 오를 것이 아니라는 뜻입니다. 재물은 우리가 다스려야 하는 것으로 우리가 재물의 주인이 되어야 합니다. 그런데 문제는 이 땅의 재물이 하나님과 같이 강력한 힘을 나타내고 있는 것입니다. '재물'의 원어는 '맘몬'으로 돈이나 물질을 말하는 것이 아니라 영적인 존재로의 의미를 가집니다. 그래서 우리가 영적으로 깨어있지 못하면 물질의 노예, 세상의 종이 될 수 있습니다. 혹 하나님과 재물, 하나님과 세상 사이에서 갈등하고 있다면 그것은 이미 세상에 빠져버린 것입니다. 왜냐하면 하나님께 충성하는 사람은 오로지 하나님께만 전념하기 때문입니다. 돈 때문에 기뻐하고 슬퍼하고 사람의 관계, 세상의 욕심 때문에 감정이 흔들리고 바뀐다면 하나님께 집중하는 성도의 모습이 아닙니다. "내가 확신하노니 사망이나 생명이나 천사들이나 권세자들이나 현재 일이나 장래 일이나 능력이나 높음이나 깊음이나 다른 어떤 피조물이라도 우리를 우리 주 그리스도 예수 안에 있는 하나님의 사랑에서 끊을 수 없으리라"(롬 8:38~39). 하나님 한 분만 주인으로 모시고 살아갈 때 하나님께서 우리의 삶을 책임져 주시고 가장 복된 길로 인도해 주실 것을 믿으시기 바랍니다.

[피드백]

빈칸에 알맞은 단어는 무엇입니까?

1. "너희를 위하여 보물을 □에 쌓아두지 말라 거기는 좀과 동록이 해하며 도둑이 구멍을 뚫고 도둑질하느니라 오직 너희를 위하여 보물을 □□에 쌓아두라 거기는 좀이나 동록이 해하지 못하며 도둑이 구멍을 뚫지도 못하고 도둑질도 못하느니라"(마6:19~20)

2. "한 사람이 □ □□을 섬기지 못할 것이니 혹 이를 미워하고 저를 사랑하거나 혹 이를 중히 여기고 저를 경히 여김이라 너희가 하나님과 □□을 겸하여 섬기지 못하느니라" (마 6:24)

3. "내가 확신하노니 사망이나 □□이나 천사들이나 권세자들이나 현재 일이나 장래 일이나 능력이나 높음이나 깊음이나 다른 어떤 □□□이라도 우리를 우리 주 그리스도 예수 안에 있는 하나님의 □□에서 끊을 수 없으리라"(롬8:38~39)

나눔과 적용

1. 영원한 삶을 위해 내가 하늘에 쌓고 있는 보물이 있다면 무엇입니까?
2. 세상만 바라보던 나의 시선이 하늘 소망으로 바뀐 경험이 있습니까?
3. 한 주인을 섬기며 살아가는 성도가 되기 위해 내가 할 일은 무엇입니까?
4. 말씀을 통해 새롭게 깨닫게 되었거나 받은 은혜를 나누어 봅시다.

제34주

그러므로, 염려하지 말라

♣ 예배 가이드: *주님만 의지할 때 내 앞날의 걱정들을 다 해결해주시고 평안과 기쁨으로 채워주심을 경험하는 성도가 됩시다.*

■ **본문** : 마태복음 6장 25~34절

■ **찬송** : 365장, 382장

■ **요절**

"그러므로 내가 너희에게 이르노니 목숨을 위하여 무엇을 먹을까 무엇을 마실까 몸을 위하여 무엇을 입을까 염려하지 말라 목숨이 음식보다 중하지 아니하며 몸이 의복보다 중하지 아니하냐" (마 6:25)

어니 젤린스키는 『모르고 사는 즐거움』이라는 책에서 우리가 하는 염려의 30%는 이미 지나간 과거의 일에 대한 염려이고 40%는 아직 일어나지도 않은 미래의 일에 대한 염려이고 22%는 아주 사소한 문제에 대한 염려이고 나머지 8% 중에서 4%는 우리의 힘으로는 어쩔 도리가 없는 불가항력적인 염려이고 나머지 4%만이 우리가 할 수 있는, 해야 하는 염려라고 말합니다.

이 순간에도 염려하는 것들이 있다면 그것이 내가 해야 하는 4%의 염려인지 아니면 하지 않아도 될 96%의 염려인지 생각해보기 바랍니다. '염려'의 원어는 '메림나오'이고 이는 '메리조(쪼개다, 갈라내다)'와 '누스(마음, 정신)'의 합성어로 염려는 우리의 마음을 쪼개놓고 정신을 갈라놓는 것입니다. 그래서 한 심리학자는 "염려는 느린 형태의 자살이다."라고까지 표현했습니다. 하지만 주님은 반복해서 염려하지 말라고 말씀하십니다. 왜 염려하지 말아야 할까요?

1. 하나님의 자녀는 염려하지 않습니다.

"공중의 새를 보라 심지도 않고 거두지도 않고 창고에 모아들이지도 아니하되 너희 하늘 아버지께서 기르시나니 너희는 이것들보다 귀하지 아니하냐"(마6:26).

부모님의 집에 살고 있는 자녀는 걱정이 없습니다. 어떻게 살까 무엇을 먹을까 걱정은 그 자녀를 키우고 책임지고 있는 부모가 합니다. 자녀가 집안 살림을 걱정하고 형편을 걱정하면 부모들은 그런 걱정 말고 공부나 열심히 하라고 합니다. 주님도 우리에게 염려하지 말라고 말씀하시는 것이 하나님이 우리를 먹이시고 기르시기 때문에 우리가 염려할 것은 없다는 뜻입니다.

"그러므로 내가 너희에게 이르노니 목숨을 위하여 무엇을 먹을까 무엇을 마실까 몸을 위하여 무엇을 입을까 염려하지 말라 목숨이 음식보다 중하지 아니하며 몸이 의복보다 중하지 아니하냐"(마6:25).

먹고 사는 문제, 환경의 문제들은 결국 우리의 목숨을 지키기 위한 것들인데 우리의 목숨은 하나님께서 돌보시기 때문에 우리는 염려할 것이 없습니다.

"너희 염려를 다 주께 맡기라 이는 그가 너희를 돌보심이라"(벧전5:7).

'너희 하늘 아버지께서 기르시나니 너희는 이것들보다 귀하지 아니하냐' 주님은 하나님을 '너희 하늘 아버지'라고 하시고 우리들에게는 '귀한 자'라고 말씀하셨습니다. 즉 우수하고 월등하고 가치 있는 하나님의 자녀라는 뜻입니다. 하나님이 우리를 자녀 삼아주시고 하나님이 우리를 기르시는데 무슨 염려할 것이 있을까요? 염려하지 말기 바랍니다.

2. 믿음 있는 자는 염려하지 않습니다.

"오늘 있다가 내일 아궁이에 던져지는 들풀도 하나님이 이렇게 입히시거든 하물며 너희일까보냐 믿음이 작은 자들아"(마6:30).

골리앗은 사울왕과 이스라엘 군대에게 두렵고 떨리는 거대한 염려였습니다. 하지만 다윗에게는 사자와 곰보다 못한 것이었습니다.

"주의 종이 사자와 곰도 쳤은즉 살아계시는 하나님의 군대를 모욕한 이 할례받지 않은 블레셋 사람이리이까 그가 그 짐승의 하나와 같이 되리이다"(삼상17:36).

다윗의 이 배짱, 담력을 성경은 뭐라고 합니까? 믿음입니다. 우리의 염려를 한순간 별 볼 일 아닌 것으로 만들어버리는 것은 바로 믿음입니다. '믿음이 작은 자들아'라고 말씀하시는 것은 믿음이 아예 없는 것은 아니지만 그 믿음이 작아서 작은 염려에도 넘어지고 걱정하고 있다는 뜻입니다. 우리도 염려를 없애려고 노력합니다. 하지만 염려가 사라집니까? 한 가지 염려가 사라지면 다른 염려가 계속해서 찾아옵니다. 그래서 염려를 없애려고 애쓰기보다 믿음을 키우려고 노력해야 합니다. 믿음이 커져야 염려는 사라지게 됩니다. 우리에게는 능치 못함이 없는 주님이 계십니다. 그 주님을 믿는 믿음으로 모든 염려를 물리치기 바랍니다.

3. 하나님의 의를 구하는 자는 염려하지 않습니다.

"그런즉 너희는 먼저 그의 나라와 그의 의를 구하라 그리하면 이 모든 것을 너희에게 더하시리라"(마6:33).

지금 무엇을 위해 열심히 살아가고 있습니까? 인생의 갈망에는 염려, 근심하며 열심을 내면서 하나님의 나라와 의를 구하는 일에는 하는 티만 내려는 모습을 보이지는 않습니까? 하나님이 기뻐하시는 일 먼저, 내가 좋아하는 것 뒤에 하는 삶의 우선순위를 바로 잡고 살아가면 어느새 우리의 삶의 문제는 눈 녹듯 녹아져 버리고 주님께서 우리가 구하지 않은 것도 주십니다.

"이는 다 이방인들이 구하는 것이라 너희 하늘 아버지께서 이 모든 것이 너희에게 있어야 할 줄을 아시느니라"(마6:32).

하나님은 우리에게 말씀하십니다. '너의 삶을 걱정하기보다 주님의

일을 열심히 하라! 그러면 내 자녀의 삶은 내가 책임지리라!'

"그러므로 내일 일을 위하여 염려하지 말라 내일 일은 내일이 염려할 것이요 한 날의 괴로움은 그 날로 족하니라"(마6:34).

오늘의 삶에 주님만 의지하고 살아가면 앞날의 걱정하는 일들, 미래의 근심의 문제들은 주님께서 다 해결해주시고 평안과 기쁨으로 채워주십니다. 오늘 우리에게는 오직 주님의 은혜만 있으면 됩니다. 주님만 바라보고 염려하지 말고 살아가기 바랍니다.

[피드백]

빈칸에 알맞은 단어는 무엇입니까?

1. "그러므로 내가 너희에게 이르노니 □□을 위하여 무엇을 먹을까 무엇을 마실까 □을 위하여 무엇을 입을까 염려하지 말라 □□이 음식보다 중하지 아니하며 몸이 의복보다 중하지 아니하냐"(마6:25)

2. "주의 종이 사자와 곰도 쳤은즉 살아계시는 □□□의 군대를 모욕한 이 할례받지 않은 블레셋 사람이리이까 그가 그 □□의 하나와 같이 되리이다"(삼상17:36)

3. "그러므로 □□ □을 위하여 염려하지 말라 □□ □은 내일이 염려할 것이요 한 날의 괴로움은 그 날로 족하니라"(마6:34)

나눔과 적용

1. 문득문득 염려되는 일이 발생할 때 우리가 할 수 있는 것은 어떠한 일입니까?
2. 어려움 중에서도 나의 믿음이 성장하는 방법을 배우고 실천한 적이 있습니까?
3. 하나님의 의를 이루기 위해 살아가는 사람들의 축복은 어떻게 나타납니까?
4. 말씀을 통해 새롭게 깨닫게 되었거나 받은 은혜를 나누어 봅시다.

제35주

비판의 눈은 감고 거룩의 눈을 뜨라

♣ **예배 가이드** : *다른 사람에 대하여 비판하기보다, 그들을 헤아리며 그 속에서 거룩함을 발견하는 성도가 됩시다.*

▪ **본문** : 마태복음 7장 1~6절

▪ **찬송** : 220장, 433장

▪ **요절**

“비판을 받지 아니하려거든 비판하지 말라 너희가 비판하는 그 비판으로 너희가 비판을 받을 것이요…” (마 7:1~2)

오늘 주님께서 그리스도인으로 의로운 삶을 살기 위해서 반드시 버려야하는 것이 ‘비판’이라고 말씀하고 있습니다. 당시 바리새인들이 가장 잘하는 것이 바로 비판하는 것이었습니다.

십일조, 기도생활, 율법을 지키는 것 등 자신들이 하는 모든 의로운 행위들이 결국 다른 사람을 비교하고 비판하는데 사용한 것이었습니다. 하지만 예수님은 분명하게 말씀하십니다.

“비판을 받지 아니하려거든 비판하지 말라”(마7:1).

1. 비판의 눈을 감으라.

“비판을 받지 아니하려거든 비판하지 말라 너희가 비판하는 그 비판으로 너희가 비판을 받을 것이요…”(마7:1~2).

장점을 찾는 게 쉬울까요? 아니면 단점을 찾는 게 쉬울까요? 단점을 말하라고 하면 여러 가지는 쉽게 말할 수 있는데 장점을 말하라고 하면 몇 가지 찾기가 쉽지 않습니다. 그러다 보니 가정에서도 자녀에게 칭찬에 인색한 부모가 많습니다. 건강한 가정, 행복한 가정을 만드는 원리는 단점을 말하거나 비판하는 것이 아니라 칭찬과 격려, 장점을 자꾸 말해주어야 합니다. 그러면 주님의 비판하지 말라는 말씀이 모든 것을 다 포용하라는 뜻일까요? 아닙니다. 성경은 오히려 우리에게 선과 악을 분별해야 한다고 말씀합니다.

"단단한 음식은 장성한 자의 것이니 그들은 지각을 사용함으로 연단을 받아 선악을 분별하는 자들이니라"(히5:14).

의롭게 행한 것은 칭찬하지만 죄악을 행하는 것에 대해서는 냉철하게 판단하고 때로는 책망해야 합니다. 예수님도 회개하지 않는 자들을 책망하셨습니다(마11:20). 그렇다면 예수님이 말씀하시는 비판하지 말라는 뜻은 무엇일까요?

사랑과 용서가 들어가 있지 않은 비판이나 정죄, 판단, 비난하기 위한 비판, 그 사람을 비판함으로써 나의 정당성을 유지하고 나의 의를 드러내는 수단의 비판을 하지 말라는 것입니다. 비판의 눈으로 바라보면 온통 비판하고 비난하고 흠 잡을 것 밖에 안 보이지만 사랑과 관용과 용서의 눈으로 바라보면 품어야 할 대상으로 보이고 기도해야 할 대상으로 보입니다.

하나님 앞에 흠 없는 사람이 누가 있을까요? 하지만 하나님은 오직 사랑으로 우리를 보십니다. 남을 비판하는 눈은 감고 사랑의 눈, 용서의 눈, 살리는 눈으로 바라보기 바랍니다.

2. 헤아림의 눈을 뜨라.

"…너희가 헤아리는 그 헤아림으로 너희가 헤아림을 받을 것이니라 어찌하여 형제의 눈 속에 있는 티는 보고 네 눈 속에 있는 들보는 깨닫지 못하느냐"(마7:2~3).

'헤아림'은 영어로 'measure' 원어에서는 '메트론'이라는 단어를 쓰고 뜻이 '측량하다, 헤아리다, 저울질하다'입니다. 연주자들이 템포를 정확하게 맞추기 위해 사용하는 메트로놈이 있는데 '헤아림'이라는 단어의 의미가 바로 '정확하게 재다, 올바르게 보다'라는 뜻입니다. 그렇다면 정확하게, 올바르게 보는 것은 어떤 뜻일까요?

하나님은 우리를 하나님의 형상대로 만드셨지만 똑같이 만드시지는 않으셨습니다. 생긴 모습이 모두 다른 것처럼 각자 형편에 맞게 서로 다른 헤아림으로 살피십니다. 마찬가지로 우리도 다른 사람을 내 기준으로 비판하고 판단하면 안 됩니다. 그래서 헤아림의 눈을 뜬다는 것은 먼저 자기 자신부터 올바로 볼 수 있어야 하는 것을 의미합니다.

"어찌하여 형제의 눈 속에 있는 티는 보고 네 눈 속에 있는 들보는 깨닫지 못하느냐"(마7:3).

올바른 분별력이 무엇입니까? 먼저 나 자신을 바로 보는 것입니다. 먼저 나를 바로 볼 수 있는 눈이 열리고 상대를 볼 때 내 기준이 아니라 하나님의 마음으로 그 기준을 삼고 보는 것이 바로 헤아림의 눈이 열린 것입니다.

3. 거룩의 눈을 뜨라.

"거룩한 것을 개에게 주지 말며 너희 진주를 돼지 앞에 던지지 말라 그들이 그것을 발로 밟고 돌이켜 너희를 찢어 상하게 할까 염려하라"(마7:6).

주님께서 '거룩한 것을 지키라'고 말씀합니다. 무엇으로부터 지키라는 것일까요? 우리를 상하게 하고 비판하게 만들고 비교하게 만들고 원망하게 만드는 부정적이고 더러운 것들에서부터 거룩한 것을 볼 줄 아는 눈이 열려야 합니다. 우리 주변에 연약하고 비판받고 책망을 들어야 할 사람도 있습니다. 그러나 먼저 그들 안에서 하나님의 거룩하심, 하나님의 긍휼하심, 하나님의 일하심을 볼 줄 아는 눈이 열려야 합니다. 그렇지 않으면 우리는 모든 것을 비판할 수밖에 없고 모든 사람이 비난의 대상, 원망의 대상이 될 수밖에 없습니다.

그러면 우리 안에 거룩도 다 빼앗겨버리게 됩니다. 거룩함을 보지 못하고 인간적인 것, 눈에 보이는 것만 보고 비판하면 서로에게 얼마나 많은 고통과 아픔을 주며 살고 있는 것입니까?

환경만 보는 것이 아니라 그 환경을 넘어서서 역사하시는 하나님을 볼 줄 아는 거룩한 눈이 열리면 모든 것이 감사임을 고백하게 됩니다. 눈에 보이는 것이 다 사랑할 수 있는 것이고 만나는 모든 사람들이 다 하나님의 존귀한 자며 그 안에 역사하시는 하나님의 거룩하심을 볼 수 있습니다. 사랑의 눈으로 보면 모든 것이 아름다워 보이고 거룩한 눈으로 바라보면 모든 것이 다 거룩해 보이고 모든 것에서 하나님을 볼 수 있습니다. 비판의 눈은 감고 거룩의 눈을 뜨기를 바랍니다.

[피드백]

빈칸에 알맞은 단어는 무엇입니까?

1. "비판을 받지 아니하려거든 □□하지 말라 너희가 비판하는 그 비판으로 너희가 □□을 받을 것이요…"(마7:1~2)

2. "어찌하여 형제의 눈 속에 있는 □는 보고 네 눈 속에 있는 □□는 깨닫지 못하느냐"(마7:3)

3. "거룩한 것을 □에게 주지 말며 너희 진주를 □□ 앞에 던지지 말라 그들이 그것을 발로 밟고 돌이켜 너희를 찢어 □□□ 할까 염려하라"(마7:6)

나눔과 적용

1. 나는 이렇게 잘하고 남은 저렇게 못한다는 비판은 내 속에서 왜 생깁니까?
2. 우리가 남을 비판하기 전에 반드시 먼저 알아야 할 것이 있다면 무엇입니까?
3. 나를 향한 하나님의 눈으로 남을 보기 위해 우리는 무엇을 생각해야 합니까?
4. 말씀을 통해 새롭게 깨닫게 되었거나 받은 은혜를 나누어 봅시다.

제36주

구함의 법칙

♣ 예배 가이드: *궁핍함을 깨닫고 간절히 기도하며, 반드시 좋은 것을 주실 것을 믿으며, 베풀기를 즐겨하는 성도가 됩시다.*

▪ **본문** : 마태복음 7장 7~12절

▪ **찬송** : 204장, 521장

▪ **요절**

"구하라 그리하면 너희에게 주실 것이요 찾으라 그리하면 찾아낼 것이요 문을 두드리라 그리하면 너희에게 열릴 것이니 구하는 이마다 받을 것이요 찾는 이는 찾아낼 것이요 두드리는 이에게는 열릴 것이니라"(마7:7~8)

미국의 텍사스에는 황량한 땅이 넓게 펼쳐져 있습니다. 버려진 땅 같아 보이지만 군데군데 석유를 시추하는 석유 시추기를 종종 볼 때가 있습니다. 텍사스에서는 땅을 사게 되면 반드시 석유가 매장되어있는지 먼저 검사를 받아야 합니다.

석유가 매장되어 있으면 함부로 건물을 올릴 수도 없고 그 땅의 값이 완전히 달라지기 때문입니다. 가만히 있는데 땅 속에 있는 석유가 솟아올라오는 것이 아니기에 버려진 땅이 가치 있는 땅이 되기 위해서는 지질조사도 해야하고 지반조사도 해야 하고 석유 시추기를 내려서 석유가 닿는 곳까지 파 내려가야 하듯 구하는 것을 얻기 위해서는 구함의 법칙, 어떻게 해야 우리가 구하는 것을 얻을 수 있는가에 대한 방법과 법칙을 올바로 알고 있어야 합니다.

1. 궁핍함을 깨달으라.

"구하라 그리하면 너희에게 주실 것이요 찾으라 그리하면 찾아낼 것이요 문을 두드리라 그리하면 너희에게 열릴 것이니 구하는 이마다 받을 것이요 찾는 이는 찾아낼 것이요 두드리는 이에게는 열릴 것이니라"(마7:7~8).

주님의 이 말씀은 우리가 원하는 것, 바라는 것이 다 이루어질 것이라고 희망을 말씀하고 있는 것일까요? 아닙니다. 지금 우리가 구해야 하는 것을 구하지 않고, 찾아야 하는 중요한 것들은 잊어버린 채, 닫혀있음에도 전혀 답답해하지 않고 살아가고 있음을 알고 지금 내가 무엇이 부족하고 무엇을 회복해야 하는지 알라는 뜻입니다. 무엇을 구하라는 것입니까? 영적인 것을 구하라는 것입니다. 무엇을 찾으라는 것입니까? 하늘의 신령한 것을 찾으라는 것입니다. 무엇이 열려야 한다는 것입니까? 닫혀있는 심령의 문이 열려야 한다는 것입니다. 자신이 지금 영적으로 얼마나 궁핍한 자인지 우리는 깨달아 알아야 합니다.

궁핍함을 깨닫는 성도는 간절하게 되고 기도하게 되고 은혜를 사모할 수밖에 없습니다. 하나님은 궁핍한 자를 긍휼히 여기시며 구원하십니다.

"그는 가난한 자와 궁핍한 자를 불쌍히 여기며 궁핍한 자의 생명을 구원하며 그들의 생명을 압박과 강포에서 구원하리니 그들의 피가 그의 눈앞에서 존귀히 여김을 받으리로다"(시72:13~14).

자신의 궁핍함을 깨닫고 간절히 주님께 기도하고 끝까지 매달리며 구하는 자에게 하나님은 반드시 응답하십니다.

2. 하나님은 항상 좋은 것을 주신다.

"너희가 악한 자라도 좋은 것으로 자식에게 줄 줄 알거든 하물며 하늘에 계신 너희 아버지께서 구하는 자에게 좋은 것으로 주시지 않겠느냐"(마7:11).

부모는 자식에게 할 수 있는 한 좋은 것을 해주고 싶어 합니다. 하물며 하나님은 우리에게 가장 좋은 것으로, 가장 필요한 것으로, 가장 좋을 때에 역사하시는 분이십니다. 그런데 우리가 하나님이 자신의 기도에 응답하지 않는다고, 원하는 것을 주시지 않는다고 하나님을 등지고 세상의 것을 더 좋아하고 집착하며 살고 있지는 않습니까?

한 무명의 크리스천의 기도문입니다. "큰일을 이루기 위해 힘을 주십사 기도했더니 겸손을 배우라고 연약함을 주셨습니다. 많은 일을 해낼 수 있는 건강을 구했는데 보다 가치 있는 일을 하라고 병을 주셨습니다. 행복해지고 싶어 기도했는데 지혜로워지라고 가난을 주셨습니다. 세상 사람들의 칭찬을 받고자 성공을 구했더니 탐내지 말라고 실패를 주셨습니다. 삶을 누릴 수 있게 모든 것을 갖게 해 달라고 기도했더니 모든 걸 누릴 수 있는 삶 그 자체를 주셨습니다. 구한 것 하나도 주시지 않았지만 내 소원 모두 들어주셨습니다. 하나님의 뜻은 따르지 못하는 삶이었지만 내 맘속에 진작 표현하지 못하는 기도는 다 들어주셨습니다. 나는 가장 많은 축복을 받은 사람입니다."

3. 베푸는 것이 얻는 것이다.

"그러므로 무엇이든지 남에게 대접을 받고자 하는 대로 너희도 남을 대접하라 이것이 율법이요 선지자니라"(마7:12).

세상에서 가장 복 받은 사람은 누구일까요? 하나님께 복을 많이 받아서 그 복이 다른 이에게 흘러가도록 하는 사람입니다. 고인 물은 썩게 되어 있지만 계속해서 흘러가는 물은 항상 맑습니다. 우리가 구하는 목적, 찾으려고 하는 것들, 열고자 하는 모든 것들은 결국 나를 위해서, 나의 만족만을 위해 구하고 찾고 여는 것이 아니라 다른 이에게 그 축복이 함께 흘러가기 위해서 얻어야 하는 것입니다. 주님의 가르침이 세상의 가치관과 다른 것이 바로 여기에 있습니다. 세상에서는 나만 잘 살면 되고 그래서 모든 것이 다 경쟁이요 경쟁상대이기에 이기는 사람만이, 높아지는 사람만이 복을 받는 것입니다.

그러나 하나님의 축복의 규칙은 경쟁에서 살아남아서 받는 축복이 아니라 내가 받은 축복이 많든 적든 그것을 나누어주고 섬기고 돌보고 베푸는 데 있습니다. 삶 가운데 무엇을 잃어버렸는지도 모른 채 방황하는 사람들에게 그리스도 안에 구원이 있고 능력이 있고 그 안에서 잃어버린 인생을 찾게 되는 것이 최고의 축복임을 알려주고 보여줄 책임이 우리에게 있습니다. 거저 받았으니 거저 주라 말씀하신 주님의 명령을 기억하며 베푸는 축복, 나누는 은혜, 살리는 복음을 실천하는 구함의 법칙으로 더 많은 것을 얻으며 살아가는 복된 성도들 되기 바랍니다.

[피드백]

빈칸에 알맞은 단어는 무엇입니까?

1. "구하라 그리하면 너희에게 □□ 것이요 찾으라 그리하면 □□□ 것이요 문을 두드리라 그리하면 너희에게 OO 것이니 구하는 이마다 받을 것이요 찾는 이는 찾아낼 것이요 두드리는 이에게는 열릴 것이니라"(마7:7~8)

2. "너희가 악한 자라도 □□ □으로 자식에게 줄 줄 알거든 하물며 하늘에 계신 너희 아버지께서 구하는 자에게 □□ □으로 주시지 않겠느냐"(마7:11)

3. "그러므로 무엇이든지 남에게 대접을 받고자 하는 대로 너희도 남을 □□하라 이것이 율법이요 □□□니라"(마7:12)

나눔과 적용

1. 현재 나의 궁핍함을 깨닫고 하나님께 간절히 구하며 매달리고 있습니까?
2. 기도하고 구하는 자에게 하나님께서 좋은 것을 주실 것을 실제로 믿습니까?
3. 구함의 법칙의 세 가지 방법은 구체적으로 무엇이며, 어떻게 실천할 것입니까?
4. 말씀을 통해 새롭게 깨닫게 되었거나 받은 은혜를 나누어 봅시다.

제37주

좁은 문을 걷는 큰 자

♣ 예배 가이드: *좁은 길을 걷는 것은 힘들지만, 주님과 함께 그 가운데서도 기쁨을 누리는 성도가 됩시다.*

▪ **본문** : 마태복음 7장 13~14절

▪ **찬송** : 191장, 521장

▪ **요절**

"좁은 문으로 들어가라 멸망으로 인도하는 문은 크고 그 길이 넓어 그리로 들어가는 자가 많고" (마 7:13)

우리는 일생을 살아가면서 크고 작은 일에 수많은 선택을 하면서 살아갑니다. 그래서 인생은 B(Birth, 탄생)와 D(Death, 죽음)사이의 C(Choice, 선택)라고 말하기도 합니다. 중요한 것은 올바른 선택을 해야 할 때 다수가 선택하는 것을 그냥 따라갈 것이냐 모두가 아니라고 하지만 나는 가능하다고 믿는 것을 선택할 것이냐입니다.

선택은 자유이지만 그 결과는 자유가 아닙니다. 내가 선택한 것에 대한 결과는 내가 책임을 져야 합니다. 그렇다면 인생에 있어서 가장 중요한 선택은 무엇일까요? 무엇을 먹을까, 무엇을 입을까, 어디에서 살까가 아니라 생명의 길을 갈 것인가 아니면 멸망의 길을 갈 것인가를 선택하는 것입니다.

1. 좁은 문은 적은 자가 가는 길입니다.

"좁은 문으로 들어가라 멸망으로 인도하는 문은 크고 그 길이 넓어 그리로 들어가는 자가 많고"(마7:13).

'좁은 문'이라는 것은 원어에 '제한되다, 협소하다'는 의미입니다. 아무나 들어갈 수 있는 곳이 아니라는 뜻입니다. 허락된 사람, 통과할 수 있는 자격이 있는 사람만이 들어갈 수 있는 문입니다.

"네가 만일 네 입으로 예수를 주로 시인하며 또 하나님께서 그를 죽은 자 가운데서 살리신 것을 네 마음에 믿으면 구원을 받으리라 사람이 마음으로 믿어 의에 이르고 입으로 시인하여 구원에 이르느니라"(롬10:9~10).

모든 사람에게 구원의 길은 열려 있지만 아무나 그 길을 걸어갈 수 있는 것은 아닙니다. 오직 예수 그리스도를 주로 시인하고 그 분을 믿는 자만이 구원받는 것입니다. 큰 길을 가면 죽는다, 큰 길은 멸망의 길이라고 아무리 세상 사람들에게 외쳐도 그 복음을 듣지 않고 예수님을 믿지 않으면 절대로 좁은 길로 갈 수 없습니다.

주님이 좁은 문으로 가라고 말씀하시는 것은 초청이면서 동시에 권면하고 있는 것입니다. 좁은 문으로 가기 위한 결정과 순종을 요구하시는 것입니다. 좁은 문으로 가기 위해 우리는 세상에서 사랑했던 것을 포기하고 주님만 따라가야 합니다. 그래서 좁은 길로 가는 사람이 적은 것입니다.

"예수께서 이르시되 내가 곧 길이요 진리요 생명이니 나로 말미암지 않고는 아버지께로 올 자가 없느니라"(요14:6).

멸망으로 가는 큰 길을 가지 말고 생명의 길, 영생의 길인 좁은 문, 좁은 길로 가기 바랍니다.

2. 좁은 문은 큰 자가 가는 길입니다.

"생명으로 인도하는 문은 좁고 길이 협착하여 찾는 자가 적음이라"(마7:14).

'협착하다'는 원어로 '좁다, 에워싸다, 우겨 싸다'의 의미입니다. 좁은 길은 어렵고 사방이 에워싸고 우겨 싸는 것들이 있는 길입니다. 그러니 그 길을 가는 사람은 약하고 겁이 많은 사람이 아니라 담대하고 믿음이 큰 사람들입니다. 세상의 풍파와 시험이 밀려와도 끝까지 그 자리를 지키고 좁은 길을 묵묵히 걸어갈 수 있는 믿음의 거장들입니다.

"내가 사망의 음침한 골짜기로 다닐지라도 해를 두려워하지 않을 것은 주께서 나와 함께 하심이라 주의 지팡이와 막대기가 나를 안위하시나이다"(시 23:4).

우리가 이 좁은 길을 주님과 함께 비록 힘들지만 견디며 걸어가다 보면 연약한 믿음에서 강한 믿음으로, 불확실한 믿음에서 확실한 믿음으로, 다듬어지지 않은 어린 아이의 신앙에서 그리스도의 장성한 분량에 이르는 큰 자가 되어 큰 믿음으로 승리를 이룰 수 있습니다. 하나님 앞에서 큰 자가 되기 바랍니다.

3. 좁은 문은 함께 걸어야 할 길입니다.

주님께서 이 말씀을 가르치는 대상은 첫째로 좁은 문과 큰 문 사이에서 갈등하고 있는 사람들입니다. 둘째로 지금 좁은 문을 통과해서 고통과 시련의 길을 걸어가는 자들에게 큰 믿음으로 승리하라고 말씀하고 있습니다. 셋째로 큰 문으로 들어가서 큰 길을 걷고 있는 사람들입니다. 멸망의 길인 큰 길에서 자신이 멸망으로 가는 것을 알지 못하고 아무 생각 없이 발맞추어 가고 있는 사람들에게 큰 길에서 벗어나 좁은 문으로 다시 들어오라고 말씀하고 있는 것입니다.

찬송가 500장 가사입니다. '물 위에 생명줄 던지어라 누가 저 형제를 구원하랴 우리의 가까운 형제이니 이 생명줄 그 누가 던지려나 생명줄 던져 생명줄 던져 물속에 빠져간다 생명줄 던져 생명줄 던져 지금 곧 건지어라' 오늘도 많은 사람들이 열심히 인생길을 걸어가고 있지만 그들은 모르고 있습니다. 큰 길로만 가면 된다고, 남들 다 가는 길 가면 되지 않느냐 말하지만 남들 다 가는 길을 가다가는 큰일 납니다. 멸망의 길을 가는 것입니다.

그렇다면 제대로 된 길, 생명의 길로 누가 이들을 인도해야 합니까? 우리가 인도해야 합니다. 주변 사람들은 멸망의 길을 가는데 그냥 지켜보기만 하고 우리만 좁은 길을 가고, 영생의 길로 간다면 주님 앞에 가서 책망 받을 것입니다. 좁은 문, 좁은 길은 나 혼자 걷는 게 아니라 큰 길에 빠진 자들을 구원하면서 함께 걷게 해야 합니다. 그들도 좁은 문, 영생의 문으로 들어오게 해야 합니다. 좁은 길을 걷는 것은 힘든 고난의 길입니다. 하지만 주님과 함께라면 비록 길은 험하고 좁아도 그 가운데 기쁨을 누릴 수 있습니다. 이미 이 좁은 길을 주님이 걸으셨고 성령께서 우리와 함께 그 길을 걸어가고 계십니다. 담대하게 기쁨과 감사로 그 길을 걸어가서 하나님 앞에 큰 믿음이라 칭찬받는 성도가 되기 바랍니다.

[피드백]

빈칸에 알맞은 단어는 무엇입니까?

1. "좁은 문으로 들어가라 □□으로 인도하는 문은 크고 그 길이 넓어 그리로 들어가는 자가 많고"(마7:13)
2. "□□으로 인도하는 문은 좁고 길이 협착하여 찾는 자가 적음이라"(마7:14)
3. "내가 □□의 음침한 골짜기로 다닐지라도 해를 두려워하지 않을 것은 □□□나와 함께 하심이라 주의 □□□와 막대기가 나를 안위하시나이다"(시23:4)

나눔과 적용

1. 구원받은 하나님의 자녀로 붙들어야 할 나의 사명과 선택은 무엇입니까?
2. 중요한 선택에서 좁은 문으로 들어가기 위해 어떤 기준을 가져야 합니까?
3. 주님이 가신 길을 본받는다면 내가 걸어갈 좁은 길은 어떠해야 합니까?
4. 말씀을 통해 새롭게 깨닫게 되었거나 받은 은혜를 나누어 봅시다.

제38주

아름다운 열매를 맺으라

♣ **예배 가이드:** *말씀에 뿌리 내리고 성령님과 동행하며 아름다운 열매를 맺는 성도가 됩시다.*

▪ **본문** : 마태복음 7장 15~20절

▪ **찬송** : 92장, 496장

▪ **요절**

"아름다운 열매를 맺지 아니하는 나무마다 찍혀 불에 던져지느니라 이러므로 그들의 열매로 그들을 알리라" (마 7:19~20)

우리 주변에 목적을 가지고 구입을 했지만 그 목적대로 쓰이지 않는 물건들이 종종 있습니다. 집안에서 열심히 운동하려고 러닝머신, 실내 자전거 등을 구입했지만 나중에는 그냥 빨래를 너는 건조대로 쓰고 있지는 않습니까?

우리의 신앙생활에서도 하나님이 우리를 구원해주시고 은혜를 베풀어주신 그 목적에 맞추어 아름다운 열매를 맺으며 살아야 하는데 그렇지 못할 때가 있습니다. 우리가 아름다운 열매를 맺는 신앙이 되기 위해 무엇을 주의하고 어떻게 살아가야 할까요?

1. 거짓을 주의하라.

"거짓 선지자들을 삼가라 양의 옷을 입고 너희에게 나아오나 속에는 노략질하는 이리라"(마7:15).

요즘은 진짜와 가짜를 구별하기가 정말 힘듭니다. 전화, 문자도 마음대로 확인할 수 없습니다. 보이스피싱 때문에 많은 사람들이 고통을 겪고 있습니다. 물건 뿐 아니라 사람도 진짜가 아닌 속이기 위한 사기꾼들이 있습니다. 가짜가 많은 세상에서 주님은 거짓 선지자를 주의하라고 말씀합니다. 거짓 선지자를 믿고 그 가르침에 빠지게 되면 주님을 향한 열심이 한순간에 멸망으로 빠져버리고 헤어 나올 수 없는 죄악으로 빠져버리기 때문입니다. 세상에서 가장 무서운 것이 잘못된 목적으로 열심을 내는 것입니다.

그런데 왜 사람들이 거짓 선지자에게 빠질까요? '양의 옷을 입고 너희에게 나아오나 속에는 노략질하는 이리라' 우리와 같은 양의 옷을 입고 있어 분별하기 힘들기 때문입니다. 겉모습은 교회를 다니는 사람들과 같이 성경책을 들고 같은 찬송가, 복음송가를 부르지만 그 속에서는 하나님의 진리의 말씀이 있는 것이 아니라 악한 영, 사탄, 마귀가 있습니다. 그래서 신앙에 의심을 갖게 하고 하나님의 말씀에 의혹을 품게 만들고 교회와 분리되게 만들고 멀어지게 만들고 담임목사님과 사이를 멀게 만듭니다.

"그런즉 선 줄로 생각하는 자는 넘어질까 조심하라"(고전10:12).

거짓된 영에 속거나 넘어지지 않게 믿음의 뿌리를 깊고 튼튼하게 내려 아름다운 열매를 맺는 성도가 되기 바랍니다.

2. 좋은 나무는 좋은 열매를 맺는다.

"그들의 열매로 그들을 알지니 가시나무에서 포도를 또는 엉겅퀴에서 무화과를 따겠느냐 이와 같이 좋은 나무마다 아름다운 열매를 맺고 못된 나무가 나쁜 열매를 맺나니"(마7:16~17).

나무를 보고 그 나무가 어떤 나무인지 바로 알지 못해도 열매를 보면 그 나무가 어떤 나무인지 금방 알 수 있습니다. 사과가 열리면 사과나무, 포도가 열리면 포도나무, 복숭아가 열리면 복숭아나무인 것입니다. 그런데 가시나무에는 열매가 없고 가시만 무성합니다. 열매를 맺는 과실목과 그렇지 않는 나무는 그 자체가 다른 것입니다. 거짓 선지자들, 잘못된 가르침을 믿는 성도에게는 열매가 없습니다. 아무리 시간이 지나도 그 안에 생명이 없기 때문에 열매가 없습니다.

그런데 열매를 맺는 나무도 두 종류로 나누어집니다. '좋은 나무'는 영어로 'Good tree, Healthy tree'라고 하고 '못된 나무'는 영어로 'diseased tree'라고 합니다. 즉 병든 나무라는 뜻입니다. 병이 든 나무는 열매에도 영향을 미쳐 나쁜 열매를 맺게 되지만 겉모습을 다 쓰러져 버릴 것 같아도 좋은 열매가 맺히면 좋은 나무가 되는 것입니다.

"좋은 나무가 나쁜 열매를 맺을 수 없고 못된 나무가 아름다운 열매를 맺을 수 없느니라"(마7:18).

주님의 이 말씀은 열매를 보기 전에 먼저 좋은 나무인지가 중요하다는 뜻입니다. 건강한 나무, 건강한 신앙의 뿌리를 내리고 있어야 생명의 열매, 건강한 삶의 열매, 축복의 열매를 맺을 수 있기 때문입니다.

3. 아름다운 열매를 맺으라.

"아름다운 열매를 맺지 아니하는 나무마다 찍혀 불에 던져지느니라 이러므로 그들의 열매로 그들을 알리라"(마7:19~20).

같은 열매에도 등급이 있습니다. 같은 사과라 할지라도 최상급의 사과와 하급의 사과로 나뉩니다. 우리 속담에 '보기에 좋은 떡이 먹기도 좋다,' '이왕이면 다홍치마'라는 말이 있듯이 기왕 열매를 맺으려면 좋은 열매, 아름다운 열매를 맺어야 합니다.

아름다운 열매, 아름다운 신앙생활은 어떤 것일까요? 하나님을 믿기로 했다면 변하면 안 됩니다. 한결같이 주님을 믿고 주님만 의지해야 합니다. 우리는 연약해서 때로는 실수할 때도 있고 하나님의 마음을 아프게 할 때도 있지만 그것이 반복되어서는 안 됩니다. 하나님 앞에 아름다움을 지키는 성도, 그래서 하나님께 감동을 드리는 성도, 순수한 믿음과 거룩한 마음으로 하나님께 아름다운 열매를 드리는 성도가 되어야 합니다.

"나는 포도나무요 너희는 가지라 그가 내 안에 내가 그 안에 거하면 사람이 열매를 많이 맺나니 나를 떠나서는 너희가 아무 것도 할 수 없음이라"(요15:5).

주님은 우리가 열매 맺는 삶을 살기 원하십니다. 하지만 주님 없는 곳에는 열매도 없음을 명심해야 합니다. 그리고 좋은 열매를 맺기 위해서 먼저 좋은 나무가 되어야 합니다. 우리가 주님의 말씀 아래 뿌리를 잘 내리고 있는지 잘 살피고, 성령님과 동행하며 건강한 믿음, 건강한 신앙, 건강한 말씀으로 우리의 영혼을 잘 지켜 아름다운 열매 맺는 성도가 되기 바랍니다.

[피드백]

빈칸에 알맞은 단어는 무엇입니까?

1. "거짓 선지자들을 삼가라 □□ □을 입고 너희에게 나아오나 속에는 □□□하는 이리라"(마7:15)

2. "나는 □□□□요 너희는 가지라 그가 내 안에 내가 그 안에 거하면 사람이 □□를 많이 맺나니 나를 □□□□ 너희가 아무 것도 할 수 없음이라"(요15:5)

3. "아름다운 □□를 맺지 아니하는 나무마다 찍혀 □에 던져지느니라 이러므로 그들의 □□로 그들을 알리라"(마7:19~20)

나눔과 적용

1. 내가 좋은 나무인지 아닌지 알 수 있는 것은 무엇에 의해서 결정됩니까?
2. 우리가 거짓 가르침과 거짓 선지자에게 넘어가면 어떻게 됩니까?
3. 내가 건강하고 좋은 열매를 맺을 수 있는 비결은 어디에 있습니까?
4. 말씀을 통해 새롭게 깨닫게 되었거나 받은 은혜를 나누어봅시다.

제39주

주님 뜻대로 행하라

♣ 예배 가이드: *주님의 뜻대로 행하여서, 굳건한 반석 위에 믿음의 집을 짓고 살아가는 성도가 됩시다.*

▪ **본문** : 마태복음 7장 21~27절

▪ **찬송** : 204장, 135장

▪ **요절**

"나더러 주여 주여 하는 자마다 다 천국에 들어갈 것이 아니요 다만 하늘에 계신 내 아버지의 뜻대로 행하는 자라야 들어가리라" (마 7:21)

우리가 이 세상에서 살면서 신앙생활을 잘해야 한다고 말합니다. 그런데 어떻게 하는 것이 신앙생활을 잘하는 것일까요? 오늘 말씀이 이 질문에 해답이 될 것입니다. 주님이 말씀하신 대로 하는 것이 신앙생활을 잘하는 것입니다. 주님이 명령하신 대로 순종하는 것입니다. 거기에 자꾸 인간적인 생각을 집어넣고 자신의 의지와 뜻을 집어넣게 되는 순간부터 목적과 의미는 퇴색해버리고 중심이 바뀌게 됩니다.

"그러나 너는 배우고 확신한 일에 거하라 너는 네가 누구에게서 배운 것을 알며 또 어려서부터 성경을 알았나니 성경은 능히 너로 하여금 그리스도 예수 안에 있는 믿음으로 말미암아 구원에 이르는 지혜가 있게 하느니라"(딤후 3:14~15).

어떻게 해야 주님 뜻대로 행하는 삶을 살 수 있을까요?

1. '주여'라고 부르는 자입니다.

"나더러 주여 주여 하는 자마다 다 천국에 들어갈 것이 아니요 다만 하늘에 계신 내 아버지의 뜻대로 행하는 자라야 들어가리라"(마7:21).

'주여 주여' 라고 부른다고 다 천국에 들어가는 것이 아니라고 말씀합니다. 그렇다면 '주여'라는 말의 의미는 무엇입니까? 헬라어로 '쿠리오스' 영어로는 'Lord, Master'이며 예수님 당시에 '쿠리오스'는 로마 황제를 부르는 말이었습니다. 그런데 예수님을 따르던 그리스도인들은 예수님을 '쿠리오스'라고 불렀습니다.

예수님이 자신들의 황제요, 자신들은 예수님의 통치를 받는 사람이라는 뜻입니다. 즉 '주여'라는 말에는 자신의 믿음과 삶의 고백과 행위를 다 포함하고 있는 것입니다. 입으로만 '주여'를 외치는 것이 아니라 전심으로 온전히 하나님의 뜻을 행하는 자입니다.

"그 날에 많은 사람이 나더러 이르되 주여 주여 우리가 주의 이름으로 선지자 노릇하며 주의 이름으로 귀신을 쫓아내며 주의 이름으로 많은 권능을 행하지 아니하였나이까 하리니 그때에 내가 그들에게 밝히 말하되 내가 너희를 도무지 알지 못하니 불법을 행하는 자들아 내게서 떠나가라 하리라'(마7:22~23).

말은 '주여!'라고 하고 예수님을 위하는 일이라고 하지만 자신의 목적을 이루고 자신의 뜻을 이루기 위해 행하는 자들을 주님은 도무지 알지 못한다, 주님의 법을 어기고 살아가는 불법을 행하는 자라고 말씀하십니다. 우리 그리스도인들이 너무나 쉽게 저지를 수 있는 잘못이 바로 이것입니다. '다 주님의 뜻입니다. 다 주님의 계획입니다. 교회를 위한 것입니다' 라고 하지만 그 말을 주님이 들으시고 '이거 내 뜻이 아닌데?'라고 말씀하신다면 어떻게 하시겠습니까?

그래서 우리는 진짜 주님의 뜻이 무엇인지 기도하고 깨달아야 합니다. '예수님이라면 어떻게 하셨을까?' 우리의 모든 삶에서 먼저 주님의 뜻을 구하고 분별하여 주님의 뜻대로 행하는 성도가 되어야 합니다.

2. 반석 위에 집을 지은 사람

"그러므로 누구든지 나의 이 말을 듣고 행하는 자는 그 집을 반석 위에 지은 지혜로운 사람 같으리니"(마7:24).

주님께서 주님이 뜻대로 행하는 자를 말씀하시면서 집 짓는 자를 비유로 말씀합니다. 두 사람이 집을 짓는데 한 사람은 모래 위에 집을 짓고 한 사람은 반석 위에 집을 짓습니다. 날씨가 좋은 날에는 별반 차이가 없어 보이지만 비가 오고 홍수가 나고 바람이 불면 상황은 달라집니다. 반석 위에 지은 집은 끄떡없지만 모래 위에 지은 집은 무너져 버립니다. 우리의 삶도 마찬가지입니다. 모든 사람은 다 똑같이 주어진 시간을 살아가며 각자 인생의 집을 짓고 사는데 인생의 풍랑을 만나고 역경을 겪게 되면 기초를 어디에 두고 살아왔는가가 드러나게 됩니다. 모래 위에 집을 짓고 싶은 사람이 누가 있겠습니까?

그런데 자신은 반석이라고 생각했던 것들이 모래일 수 있습니다. 자신의 생각에는 튼튼하다고, 자신을 지켜줄 것이라고 믿었던 반석이 모래일 수 있다는 것을 알아야 합니다. 반석은 누구십니까? 하나님, 예수 그리스도입니다.

"이르되 여호와는 나의 반석이시요 나의 요새시요 나를 위하여 나를 건지시는 자시요 내가 피할 나의 반석의 하나님이시요…"(삼하22:2~3).

그의 삶에 하나님을 반석으로 두고 말씀을 기초로 살아가는 사람, 삶의 목적이 하나님의 뜻대로 살아가는 사람은 아무리 인생의 풍파가 몰려와도 절대로 넘어가지 않습니다. 반석 되신 주님이 책임져주시기 때문입니다.

찬송가 488장 「이 몸의 소망 무언가」 가사입니다. '이 몸의 소망 무언가 우리 주 예수뿐일세 우리 주 예수 밖에는 믿을 이 아주 없도다 주 나의 반석이시니 그 위에 내가 서리라 그 위에 내가 서리라 / 3절 세상에 믿던 모든 것 끊어질 그 날 되어도 구주의 언약 믿사와 내 소망 더욱 크리라 주 나의 반석이시니 그 위에 내가 서리라 그 위에 내가 서리라'

신앙생활은 주님의 뜻대로 살기로 결심하는 것입니다.

그리고 순종하는 것입니다. 이 땅에 없어질 모래성 같은 집을 짓고 사는 것이 아니라 영원히 사라지지 않을 영원한 집을 반석 위에 짓고 살아가는 삶입니다. 주님의 뜻대로 행하여서 굳건한 반석 위에 믿음의 집을 짓고 살아가는 성도가 되기를 바랍니다.

[피드백]

빈칸에 알맞은 단어는 무엇입니까?

1. "그러나 너는 배우고 □□한 일에 거하라 너는 네가 누구에게서 배운 것을 알며 또 어려서부터 □□을 알았나니 성경은 능히 너로 하여금 그리스도 예수 안에 있는 □□으로 말미암아 구원에 이르는 지혜가 있게 하느니라"(딤후3:14~15)

2. "나더러 주여 주여 하는 자마다 다 □□에 들어갈 것이 아니요 다만 하늘에 계신 내 아버지의 □□□ 행하는 자라야 들어가리라"(마7:21)

3. "그러므로 누구든지 나의 이 말을 듣고 □□□ 자는 그 집을 □□ 위에 지은 지혜로운 사람 같으리니"(마7:24)

나눔과 적용

1. 하나님의 나라와 계획을 위해 믿음으로 기도하고 있는 제목이 있습니까?
2. 삶에서 신앙이 흔들리지 않기 위해 우리는 어떻게 지내는 것이 옳습니까?
3. 하나님께서책임지시는인생이되기위하여삶에결심한것이있다면무엇입니까?
4. 말씀을 통해 새롭게 깨닫게 되었거나 받은 은혜를 나누어 봅시다.

제40주

돌아오게 하리라

♣ **예배 가이드:** *우리를 다시 회복하게 하시는 하나님의 능력을 의지하고 믿음으로 기도하며 긍휼의 은혜를 구하는 성도가 됩시다.*

▪ **본문** : 느헤미야 1장 1~11절

▪ **찬송** : 331장, 341장

▪ **요절**

"이르되 하늘의 하나님 여호와 크고 두려우신 하나님이여 주를 사랑하고 주의 계명을 지키는 자에게 언약을 지키시며 긍휼을 베푸시는 주여 간구하나이다" (느 1:5)

무너진 예루살렘 성을 재건하게 하기 위해 하나님은 느헤미야를 사용하셨습니다. 느헤미야는 선지자도 아니고 왕도 아닌데 왜 하나님은 느헤미야를 사용하셨을까요? 미국의 신학자 존 화이트는 그의 『탁월한 지도력』이라는 책에서 느헤미야에게 두 가지 믿음이 있었다고 말합니다. 하나님은 무엇이든지 하실 수 있다(God can do anything)와 하나님은 반드시 행하신다(God will do anything)입니다. 느헤미야는 조급하게 행동하지 않았고 하나님의 때를 기다리며 어떤 상황이든지 하나님께 기도하고 물으며 일을 진행해 나갔습니다. 최선을 다해 하나님께서 맡기신 일을 감당하고 그 과정 속에서 하나님의 붙드심과 인도하심 그리고 회복이 그의 삶에 자연스럽게 녹아들게 되었습니다. 그렇다면 느헤미야는 어떻게 하나님께 회복을 위해 기도했습니까?

1. 하나님의 마음으로 기도했습니다.

"그들이 내게 이르되 사로잡힘을 면하고 남아있는 자들이 그 지방 거기에서 큰 환난을 당하고 능욕을 받으며 예루살렘성은 허물어지고 성문들은 불탔다 하는지라"(느1:3).

느헤미야는 바벨론에 의해 이스라엘이 멸망할 때 포로로 끌려간 유대인의 자손으로 태어난 사람입니다. 종의 신분으로 태어난 그는 바벨론이 멸망하고 페르시아가 세워졌을 때 페르시아 왕의 술관원이 되었습니다. 말 그대로 노예로 시작된 인생에서 왕의 신임을 얻는 높은 관직에 오른 사람이었습니다. 그러나 그는 현재 자신의 삶의 위치를 누리기보다 떠나온 고향이자 하나님의 성전이 있는 예루살렘이 그의 마음에 있었습니다.

"내가 이 말을 듣고 앉아서 울고 수일 동안 슬퍼하며 하늘의 하나님 앞에 금식하며 기도하여"(느1:4).

지금 무너진 것이 느헤미야가 있는 궁궐이 아닌 멀리 떨어진 예루살렘 성, 하나님께 기도하는 성전이 무너졌다는 소식에 그는 슬퍼했습니다. 느헤미야의 슬픔은 하나님의 마음, 하나님의 슬픔을 대신한 것입니다. 성도는 하나님의 마음을 느껴야 합니다. 하나님이 슬퍼하시는 것을 함께 슬퍼해야 하고 하나님이 기뻐하시는 것을 함께 기뻐해야 합니다. 느헤미야는 평범한 사람이었습니다. 그러나 그에게 하나님의 마음이 있었기에 하나님은 그를 사용하셨습니다. 하나님은 하나님을 의지하고 하나님의 마음으로 기도하는 자를 붙잡아 하나님의 일을 하심을 믿기 바랍니다.

2. 하나님의 능력을 믿음으로 기도했습니다.

"이르되 하늘의 하나님 여호와 크고 두려우신 하나님이여 주를 사랑하고 주의 계명을 지키는 자에게 언약을 지키시며 긍휼을 베푸시는 주여 간구하나이다"(느1:5).

믿음이 있는 사람과 없는 사람의 차이는 자기가 모든 것을 하고 그만큼 얻느냐, 하나님의 능력을 의지하여 자기 수준 이상의 일을 하느냐 입니다. 우리가 왜 하나님을 믿고 의지해야 하니까? 우리는 연약한 자들로 자신과 자신의 삶을 보장할 수 없기 때문입니다.

"광야에서도 너희가 당하였거니와 사람이 자기의 아들을 안는 것 같이 너희의 하나님 여호와께서 너희가 걸어온 길에서 너희를 안으사 이곳까지 이르게 하셨느니라 하나"(신1:31).

믿음은 무엇입니까? 하나님의 등에 업히는 것입니다. 수영으로 태평양을 건널 수 없어도 비행기에 내 몸을 싣기만 하면 태평양을 쉽게 건너듯 내 능력으로 할 수 없는 것을 하나님께 맡기는 것, 하나님께서 내 인생을 업고 가시게 하는 것이 바로 믿음입니다. 느헤미야는 예루살렘의 소식을 듣고 슬퍼하며 낙심만 하고 있지는 않았습니다. 말씀을 근거로 믿고 기도했습니다. 하나님이 반드시 행하실 것을 믿고 기도했고 기도하면 하나님이 반드시 응답하실 것을 믿었습니다. 사람이 일을 하면 사람이 일할 뿐이지만 사람이 기도하면 하나님이 일하시는 것입니다. 느헤미야는 성전회복을 앞두고 가장 먼저 기도했습니다. 기도할 때 하나님께서 그에게 지혜를 주시고 그와 함께 하셨습니다. 오직 믿음의 기도밖에 없습니다.

3. 하나님의 긍휼을 구하는 기도를 했습니다.

"주여 구하오니 귀를 기울이사 종의 기도와 주의 이름을 경외하기를 기뻐하는 종들의 기도를 들으시고 오늘 종이 형통하여 이 사람들 앞에서 은혜를 입게 하옵소서 하였나니 그 때에 내가 왕의 술관원이 되었느니라"(느1:11).

회복을 위하여 가장 중요한 것은 바로 하나님의 긍휼을 구하는 것입니다. '긍휼'을 '헤세드'라 하며 영어로 'unfailing love'라고 하는데 이는 '없어지지 않는 사랑, 변하지 않는 사랑'을 뜻합니다. 하나님의 긍휼하심이 있어야 회복되고 치유가 일어납니다. 무너진 우리의 삶에 필요한 것, 은혜를 구하는 우리의 심령에 필요한 것이 바로 하나님의 긍휼입니다.

"여호와의 인자와 긍휼이 무궁하시므로 우리가 진멸되지 아니함이니이다 이것들이 아침마다 새로우니 주의 성실하심이 크시도소이다"(애3:22~23).

느헤미야에게 하나님은 성전회복의 사명을 주셨습니다. 우리에게 회복해야 할 것은 무엇이 있습니까? 주님과의 관계가 무너지고 주님을 향한 사랑이 무너졌다면 하나님의 긍휼을 구하는 기도로 회복해야 합니다. 신앙의 열정이 무너졌다면 그것도 회복해야 합니다. 건강이 무너졌습니까? 가정이 무너졌습니까? 회복해야 합니다. 우리를 다시 회복하게 하시는 하나님의 능력을 의지하시기 바랍니다. 하나님의 마음을 품고 믿음으로 기도하고 긍휼의 은혜를 구할 때 하나님이 회복시키시고 기적이 임합니다.

[피드백]

빈칸에 알맞은 단어는 무엇입니까?

1. "내가 이 말을 듣고 앉아서 울고 수일 동안 슬퍼하며 하늘의 □□□ 앞에 금식하며 기도하여"(느1:4)

2. "이르되 하늘의 하나님 여호와 크고 두려우신 하나님이여 주를 사랑하고 주의 □□을 지키는 자에게 □□을 지키시며 □□을 베푸시는 주여 간구하나이다"(느1:5)

3. "여호와의 인자와 □□이 무궁하시므로 우리가 진멸되지 아니함이니이다 이것들이 아침마다 새로우니 주의 □□□□이 크시도소이다"(애3:22~23)

나눔과 적용

1. 나는하나님이슬퍼하시는것에슬퍼하고,하나님이기뻐하시는것에기뻐합니까?
2. 회복하게하시는하나님의능력을의지하여내삶에서회복할것은무엇입니까?
3. 주님을향한사랑이무너졌다면나는어떤기도로주님께나아가야합니까?
4. 말씀을 통해 새롭게 깨닫게 되었거나 받은 은혜를 나누어 봅시다.

제41주

다시 수치를 당하지 말자

♣ **예배 가이드:** *하나님께서 다시 회복시키시고 살리실 것을 믿고, 다시 죄로 인한 수치가 없도록 회복하는 성도가 됩시다.*

▪ **본문** : 느헤미야 2장 11~20절

▪ **찬송** : 212장, 585장

▪ **요절**

"후에 그들에게 이르기를 우리가 당한 곤경은 너희도 보고 있는 바라 예루살렘이 황폐하고 성문이 불탔으니 자, 예루살렘 성을 건축하여 다시 수치를 당하지 말자 하고 또 그들에게 하나님의 선한 손이 나를 도우신 일과 왕이 내게 이른 말씀을 전하였더니 그들의 말이 일어나 건축하자 하고 모두 힘을 내어 이 선한 일을 하려 하매"(느2:17~18)

독립기념관에 이런 글이 쓰여 있습니다. '역사를 잊은 민족에게 미래는 없다.' 한국전쟁으로 인해 온 나라가 황폐해졌던 그 수치의 시간, 아픔의 시간을 기억하고 다시는 이런 일이 일어나지 않도록 나라를 위해 기도해야 합니다.

지금 이스라엘도 외세의 침략으로 예루살렘 성이 부서지고 성벽이 무너져서 나라가 수치를 당하고 있습니다. 이때 느헤미야가 '다시는 수치를 당하지 말자!'고 선포하고 있습니다.

황폐한 예루살렘을 재건하기 위해 느헤미야가 선포한 것처럼 우리의 삶도 되돌아보고 무너진 부분을 새롭게 세우며 회복해야 합니다. 그렇다면 회복이 필요한 우리의 삶에서 무엇부터 시작해야 할까요?

1. 기도로 시작하라.

"내가 예루살렘에 이르러 머무른 지 사흘 만에 내 하나님께서 예루살렘을 위해 무엇을 할 것인지 내 마음에 주신 것을 내가 아무에게도 말하지 아니하고 밤에 일어나 몇몇 사람과 함께 나갈 새 내가 탄 짐승 외에는 다른 짐승이 없더라"(느2:11~12).

예루살렘에 도착한 느헤미야가 당장 예루살렘 성을 돌아보며 어디서부터 공사를 시작해야할지 계획을 세우고 사람들을 불러 모아 일을 진행한 것이 아닙니다. 예루살렘에 도착해서 3일간 머물렀다고 했습니다. 왜 그랬을까요? 3일 동안 느헤미야는 기도했던 것입니다. 하나님의 음성을 듣는 것이 회복의 첫 시작입니다. 일을 시작하기 전 가장 먼저 해야 할 것이 바로 기도입니다. 기도하면서 하나님의 뜻을 구해야 합니다. 스펄전 목사는 "기도하지 않고 성공했다면 성공한 그것 때문에 망한다."라고 말했습니다. 마가복음 9장에 예수님의 제자들이 귀신 들린 아이를 고치지 못했고 그 이유에 대해 예수님께 물었습니다.

"이르시되 기도 외에 다른 것으로는 이런 종류가 나갈 수 없느니라 하시니라"(막9:29). 기도 외에는 능력이 나타날 수 없기에 기도하지 않으면 회복도 일어나지 않습니다.

"사람이 마음으로 자기의 길을 계획할지라도 그의 걸음을 인도하시는 이는 여호와시니라"(잠16:9). 기도하는 것이 사람의 눈으로 볼 때는 아무 것도 안하는 것 같아 보이지만 하나님은 우리가 기도를 시작하는 그 순간부터 이미 그 일을 시작하셨습니다. 기도하고 나면 보이지 않던 것들이 보이게 되고 생각하지 못했던 것들을 생각나게 하십니다. 하나님의 사람은 조급하게 먼저 움직이지 않습니다. 먼저 기도하면서 하나님 앞에 겸손히 하나님의 뜻을 구하는 것입니다. 이것이 전적으로 하나님을 의지하는 삶의 모습입니다.

2. 무너진 것을 돌아보라.

"그 밤에 골짜기 문으로 나가서 용정으로 분문에 이르는 동안에 보니 예루살렘 성벽이 다 무너졌고 성문은 불탔더라 앞으로 나아가 샘문과 왕의 못에 이르러서는 탄 짐승이 지나갈 곳이 없는지라"(느2:13~14).

지금 느헤미야는 온갖 오물이 버려지는 분문에서부터 왕이 다니는 곳인 왕의 못까지 온 예루살렘을 다 돌아봤습니다. 회복하기 위해서는 어디에서부터 문제가 일어났는지를 돌아봐야 합니다. 그래야 어디에서 고치고 어디에서 회개해야 하는지 알 수 있습니다. 당장 눈앞에 있는 문제가 전부가 아니라 문제의 근원을 찾아야 비로써 회복하고 해결할 수 있습니다. "그러므로 어디서 떨어졌는지를 생각하고 회개하여 처음 행위를 가지라 …"(계2:5). 습관이 변해야 환경도 바뀌는 것입니다. 아무리 새 집에 들어간다 해도 내가 바뀌지 않으면 옛날의 삶의 모습으로 다시 돌아가 버리게 됩니다. 변화의 시작은 나에게서부터 시작되어야 합니다. 무너진 삶, 무엇에서부터 내가 은혜가 떨어졌는지를 찾는 용기가 우리에게 필요합니다. 그리고 하나님의 때를 기다려야 합니다.

3. 회복을 선포하라.

"후에 그들에게 이르기를 우리가 당한 곤경은 너희도 보고 있는 바라 예루살렘이 황폐하고 성문이 불탔으니 자, 예루살렘 성을 건축하여 다시 수치를 당하지 말자 하고 또 그들에게 하나님의 선한 손이 나를 도우신 일과 왕이 내게 이른 말씀을 전하였더니 그들의 말이 일어나 건축하자 하고 모두 힘을 내어 이 선한 일을 하려 하매"(느2:17~18). 모든 일에는 타이밍이 중요합니다. 신앙에 있어서 가장 좋은 타이밍은 하나님이 역사하시는 때, 하나님이 감동을 주시는 그 때이고 그것을 '카이로스'라고 말합니다. 다만 우리가 할 것은 하나님의 때를 구하고 그 때를 분별하는 것입니다.

'자, 예루살렘 성을 건축하여 다시 수치를 당하지 말자' 이것은 단순히 성전 건축만을 말하는 것이 아닙니다. 자신들의 죄악으로 인해 예루살렘 성이 허물어졌으나 하나님은 다시 회복시키실 것이고 살리실 것이기 때문에 더 이상 죄로 인한 수치가 없도록 우리의 신앙과 삶을 돌이키자는 회복으로의 초대인 것입니다. 그리고 느헤미야는 백성들에게 이미 하나님이 일하고 계심을 선포하고 있습니다.

"일을 행하시는 여호와 그것을 만들며 성취하시는 여호와 그의 이름을 여호와라 하는 이가 이와 같이 이르시도다 너는 내게 부르짖으라 내가 네게 응답하겠고 네가 알지 못하는 크고 은밀한 일을 네게 보이시리라"(렘33:2~3).

'다시는 수치를 당하지 말자!' 믿음으로 선포할 때 능력의 하나님은 반드시 우리를 회복시켜 주실 줄 믿습니다.

[피드백]

빈칸에 알맞은 단어는 무엇입니까?

1. "그 밤에 골짜기 문으로 나가서 용정으로 분문에 이르는 동안에 보니 예루살렘 □□이 다 무너졌고 □□은 불탔더라 앞으로 나아가 샘문과 왕의 못에 이르러서는 탄 짐승이 지나갈 곳이 없는지라"(느2:13~14)

2. "사람이 마음으로 자기의 길을 □□할지라도 그의 걸음을 인도하시는 이는 □□□시니라"(잠16:9)

3. "일을 행하시는 여호와 그것을 만들며 성취하시는 여호와 그의 이름을 여호와라 하는 이가 이와 같이 이르시도다 너는 내게 부르짖으라 내가 네게 □□하겠고 네가 알지 못하는 크고 □□한 일을 네게 보이시리라"(렘33:2~3)

나눔과 적용

1. 우리가 삶의 문제들에 직면할 때 무엇보다 먼저 되어야 할 것은 무엇입니까?
2. 문제에 대한 수습보다는, 그 원인을 해결함으로 회복된 경험이 있습니까?
3. 오래 지속된 문제가 하나님의 때에 해결된 일이 있다면 무엇입니까?
4. 말씀을 통해 새롭게 깨닫게 되었거나 받은 은혜를 나누어 봅시다.

제42주

함께 일어서서!

♣ 예배 가이드: *성령 안에서 모두가 하나 되어, 한 마음으로 교회와 하나님의 나라와 가정을 세우는 일에 동참하는 성도가 됩시다.*

▪ **본문** : 느헤미야 3장 1~5절

▪ **찬송** : 214장, 218장

▪ **요절**

"그 때에 대제사장 엘리아십이 그의 형제 제사장들과 함께 일어나 양문을 건축하여 성별하고 문짝을 달고 또 성벽을 건축하여 함메아 망대에서부터 하나넬 망대까지 성별하였고" (느 3:1)

우리나라 속담에 '모로 가도 서울만 가면 된다.'라는 말이 있습니다. 무슨 수단이나 방법으로라도 목적만 이루면 된다는 뜻입니다. 그러나 하나님이 일하시는 방식은 그렇지 않습니다. 하나님은 계획하신 것을 이루시고 행하시고 완성하는 분이시지만 그 과정을 하나님은 다 보고 계십니다.

이스라엘 백성이 출애굽해서 약속의 땅 가나안까지 간 것을 성경 한 줄로 끝낼 수도 있지만 모세오경을 통해서 40년의 시간을 자세하게 기록하고 있는 것은 하나님이 이스라엘 백성들의 광야에서의 삶의 과정을 지켜보고 계셨다는 것입니다.

누가 모세와 하나님께 순종하고 따르고 있는지, 누가 믿음으로 약속의 땅을 향해 함께 가고 있는지 보고 계셨던 것입니다. 어떻게 함께 하나가 되어야 할까요?

1. 함께 일어나야 합니다.

"그 때에 대제사장 엘리아십이 그의 형제 제사장들과 함께 일어나 양문을 건축하여 성별하고 문짝을 달고 또 성벽을 건축하여 함메아 망대에서부터 하나넬 망대까지 성별하였고"(느3:1).

줄다리기에서 이기려면 모든 사람이 함께 힘을 써야 합니다. 아무리 힘 센 사람이 많이 있어도 하나가 되지 않고 함께 힘을 쓰지 않으면 결국 지게 되어 있습니다. 완전한 협동심을 통해 승패가 결정되는 것입니다. 침체되어 있던 이스라엘 민족에게 소망을 선포해서 일어나게 한 사람이 바로 느헤미야였습니다. 비전을 선포하는 사람을 '비저너리(visionary)'라고 합니다. 하나님의 뜻 가운데 소망과 비전을 품은 사람, 느헤미야가 비저너리가 되어 모든 사람들이 한마음으로 움직이게 된 것입니다. 가정에서 교회에서 비저너리가 반드시 있어야 합니다.

하나님은 단 한 사람의 비저너리만 있다 해도 그를 통해서 일하십니다. 그 한 사람을 중심으로 여러 돕는 손길을 붙여주시고 결국 연합하여 하나님의 일을 행하게 하십니다. 특별히 신앙생활에서 홀로 외로이 신앙생활을 하고 있다 해도 절대 혼자가 아님을 알아야 합니다. 주님이 함께 하시고 성령님이 안에서 역사하시고 교회가 함께 기도하고 있습니다. 그리고 함께 일어난다는 것은 누군가가 나를 세워주기만을 기다리는 것이 아니라 내가 먼저 스스로 일어나겠다고 결단하는 것입니다. 결단하고 일어날 때 회복이 임합니다.

2. 서로 연결되어야 합니다.

느헤미야 3장에 공통적으로 반복되어 나오는 말이 '그 다음은'입니다. 마치 이어달리기를 하듯 사람들이 이어져 가면서 맡은 사명을 감당했습니다. 모든 이스라엘 백성들이 줄지어 힘을 합쳐 52일 만에 방대한 성벽 재건의 사역이 이루어졌습니다. 예루살렘 성벽을 회복함에 있어서 부유한 사람이든지, 자신이 거할 집조차 없는 사람이든지 가리지 않고 모든 사람들이 수고하고 헌신하는 것이 그 다음으로 그 다음으로 연결되어 성벽은 회복되어 갔습니다. 계속 되어지는 믿음의 여정, 이어지는 헌신의 결단이 결국 강력한 힘을 만들어 낸 것입니다. 형편이 나아지면 주의 일을 하고 지금 내 형편은 주님의 일을 할 수 없다고 형편에 따라 주의 일을 결정하고 사명을 결정하는 것은 하나님의 방법이 아닙니다. 우리 삶의 처지는 나보다 주님께서 더 잘 알고 계십니다. 주님께 나의 삶을 맡기고 우리가 먼저 하나님의 나라와 의를 구할 때 하나님께서 일하시고 회복시켜 주심을 믿으십시오.

"그런즉 너희는 먼저 그의 나라와 그의 의를 구하라 그리하면 이 모든 것을 너희에게 더하시리라"(마6:33).

우리의 신앙은 이어져야 하고 우리 믿음의 역사도 이어져야 하고 우리의 기도도 계속되어야 합니다. 과거에 내가 크게 헌신했던 것에서 멈춰있지 말고 오늘도 헌신하고 수고해야 합니다.

"또 무엇을 하든지 말에나 일에나 다 주 예수의 이름으로 하고 그를 힘입어 하나님 아버지께 감사하라"(골3:17).

회복은 혼자 이루는 것이 아닙니다. 함께 이루어가는 것입니다. 특히 교회 안에서 사명을 감당할 때 나의 실력과 능력을 나타내는 것보다 더 중요한 것은 함께 일하고 함께 사명을 감당하는 것입니다. 함께 일하는 것이 훨씬 더 힘들고 더 많이 노력해야 하는 것은 맞습니다. 그러나 그것을 하나님은 더 기뻐하십니다. 사실 갈등의 문제는 뒤쳐질 때 일어나는 것이 아니라 오히려 앞서가려고 할 때 일어나게 됩니다. 하나님의 음성을 듣기보다 내 뜻과 의지대로 하려고 할 때 문제가 일어나는 것입니다.

"그 다음은 드고아 사람들이 중수하였으나 그 귀족들은 그들의 주인들의 공사를 분담하지 아니하였으며"(느3:5).

귀족들은 왜 동참하지 않았을까요? 성벽 재건이 자신들의 생각에 가치 없는 일이라고 생각했거나 성벽이 허물어진 모습이 자신들에게 아무런 해가 되지 않는다고 생각했기 때문입니다. 여러분은 어떤 모습으로 하나님의 일에 동참하십니까? 하나님의 일과 내 일이 무관하다고 생각합니까? 아니면 내 일은 곧 하나님의 일이라고 여기며 그 일에 열심을 쏟고 사명을 다하고 있습니까? 주님은 모두가 하나 되기를 원하십니다. 한 마음으로 교회를 세우고 하나님의 나라를 세우고 가정을 세우는 일에 동참하기를 원하십니다. 나를 통해 우리 가정에 일하실 하나님, 우리 교회에 일하실 하나님을 기대하며 하나님의 회복의 역사를 체험하는 주인공이 되기 바랍니다.

[피드백]

빈칸에 알맞은 단어는 무엇입니까?

1. "그 때에 대제사장 엘리아십이 그의 형제 □□□들과 함께 일어나 양문을 건축하여 성별하고 문짝을 달고 또 성벽을 건축하여 함메아 망대에서부터 하나넬 망대까지 □□하였고"(느3:1)

2. "그런즉 너희는 먼저 그의 □□와 그의 □를 구하라 그리하면 이 모든 것을 너희에게 더하시리라"(마6:33)

3. "또 무엇을 하든지 말에나 일에나 다 □ □□의 이름으로 하고 그를 힘입어 하나님 아버지께 감사하라"(골3:17)

나눔과 적용

1. 하나님의 일을 하려 할 때 내게 가장 걸림이 되는 것은 무엇입니까?
2. 신앙생활을하며혼자라는생각이들때선포해야하는것은무엇입니까?
3. 내 삶에 조금씩 발전되고 있는 신앙의 좋은 면이 있다면 무엇입니까?
4. 말씀을 통해 새롭게 깨닫게 되었거나 받은 은혜를 나누어 봅시다.

제43주

두려워 말고, 주를 기억하고 싸우라!

♣ 예배 가이드: *세상에서 볼 때 무모한 싸움처럼 보여도, 주님이 함께 하시면 반드시 승리함을 믿는 성도가 됩시다.*

▪ **본문** : 느헤미야 4장 7~14절

▪ **찬송** : 349장, 543장

▪ **요절**

"내가 돌아본 후에 일어나서 귀족들과 민장들과 남은 백성에게 말하기를 너희는 그들을 두려워하지 말고 지극히 크시고 두려우신 주를 기억하고 너희 형제와 자녀와 아내와 집을 위하여 싸우라 하였느니라" (느 4:14)

우리가 살아갈 때 수많은 경쟁과 싸움이 있는데 그 중에 참는 자가 이기고 지는 자가 이기는 싸움이 있는가 하면 반드시 이겨야하는 싸움도 있습니다. 사소한 감정의 싸움, 자존심에서 시작된 싸움은 피해야 하는 싸움이고 성공하기 위해서 자기 자신과의 싸움에서는 이겨야 합니다. 그리스도인들이 반드시 이겨야 하는 싸움은 영적인 싸움, 죄로부터의 싸움에서는 반드시 이겨야 합니다.

"우리의 씨름은 혈과 육을 상대하는 것이 아니요 통치자들과 권세들과 이 어둠의 세상 주관자들과 하늘에 있는 악의 영들을 상대함이라"(엡6:12).

"믿음의 선한 싸움을 싸우라 영생을 취하라 이를 위하여 네가 부르심을 받았고 많은 증인 앞에서 선한 증언을 하였도다"(딤전6:12).

하나님의 선한 일을 할 때 그 일을 방해하는 악한 영의 공격이 반드시 있습니다. 이럴 때 우리는 어떻게 해야 흔들림 없이 싸우고 승리할 수 있을까요?

1. 두려워 말라!

"산발랏이 우리가 성을 건축한다 함을 듣고 크게 분노하여 유다 사람들을 비웃으며 … 그들이 건축하는 돌 성벽은 여우가 올라가도 곧 무너지리라 하더라"(느4:1~3). 산발랏과 도비야가 절망의 말로 두려움을 주고 있습니다. 우리 인생에서도 내 안에 회복을 꿈꾸며 하나님의 비전과 소망을 바라보고 나아가는데 주변에서 자꾸 낙심하게 만드는 말, 좌절하게 만드는 말을 듣게 됩니다. 때론 누가 뭐라고 하지 않았는데 스스로 내면의 부정적인 생각이 들 때도 있습니다. 그러면 우리 안에 두려움이 생기게 됩니다. 그러나 확실하게 알아야 할 것은 이것은 사탄, 마귀의 계략이라는 것입니다. 두려움의 시작은 우리의 현실을 자꾸 보게 만드는 것입니다. 내 상황을 보고, 나의 연약함을 보고, 약점을 보게 하면서 결국 할 수 없다고 말하게 합니다. 그러나 우리는 현실을 보고 사는 사람이 아니라 하나님의 능력을 바라보고 소망 가운데 사는 성도임을 잊지 말아야 합니다. "내게 능력 주시는 자 안에서 내가 모든 것을 할 수 있느니라"(빌4:13).

"이는 우리가 믿음으로 행하고 보는 것으로 행하지 아니함이로라"(고후5:7).

산발랏과 도비야와 많은 사람들이 이스라엘 백성에게 와서 위협합니다. 그래도 느헤미야는 흔들리지 않았습니다.

"우리가 우리 하나님께 기도하며 그들로 말미암아 파수꾼을 두어 주야로 방비하는데"(느4:9). 두려움이 찾아올수록 하나님을 의지하고 기도했습니다. 두려움을 이기는 힘은 바로 기도입니다. 현실을 보는 눈을 들어 주님을 바라볼 때 모든 두려움은 물리칠 수 있습니다.

2. 주를 기억하라!

스마트폰의 사용으로 우리의 삶은 너무나도 편해졌다고 합니다. 그런데 스마트폰이 점점 더 발전해갈 때 우리들은 더 영리해지고 똑똑해졌을까요? 아닙니다. 오히려 사람들의 학습 능력과 기억력은 점점 떨어지게 되었다고 합니다. 비록 전화번호를 기억 못하고 예전에 갔던 길을 못 찾거나 기념일은 기억하지 못하더라도 반드시 기억해야 하는 것이 있습니다. 우리 하나님이 크고 위대하신 하나님이시라는 사실은 기억해야 합니다. "내가 돌아본 후에 일어나서 귀족들과 민장들과 남은 백성에게 말하기를 너희는 그들을 두려워하지 말고 지극히 크시고 두려우신 주를 기억하고 너희 형제와 자녀와 아내와 집을 위하여 싸우라 하였느니라"(느4:14). 영적인 공격이 찾아올 때, 시험과 낙심이 올 때 우리가 이길 수 있는 무기는 바로 능력의 하나님이 나의 하나님이시라는 사실입니다. 똑같은 영적인 싸움을 하는데 하나님 반대편에 서 있으면 그 사람은 100번 싸우면 100번 집니다. 그러나 하나님 편에 서 있는 성도, 하나님 편에서 싸우는 성도는 반드시 이기게 됩니다. 아무리 문제가 크고 위협하는 두려움이 크다 해도 하나님은 그 어떤 것보다 크시고 모든 것을 가능하게 하시는 분이심을 기억하시기 바랍니다.

3. 싸우라!

지금 느헤미야를 대적하는 산발랏은 하나님의 일을 하는 사람들을 방해하기 위해 싸움을 걸어오고 있습니다. 그때 느헤미야는 예루살렘 성벽의 재건을 위해, 예루살렘의 회복과 자녀들과 가정의 회복을 위해 싸우자고 선포하고 있습니다. 우리는 믿음의 선한 싸움을 싸워야 합니다. 하나님의 뜻을 이루고 하나님의 사명을 이루기 위해 싸워야 합니다. 이런 싸움에는 하나님이 반드시 함께 하십니다. "너희는 어디서든지 나팔 소리를 듣거든 그리로 모여서 우리에게로 나아오라 우리 하나님이 우리를 위하여 싸우시리라 하였느니라"(느4:20). 우리는 가만히 있고 하나님이 알아서 해결해주시는 것이 아닙니다. 하나님은 우리를 영적으로 무장시키고 용사로 만들어주셔서 어떤 대적이 와도 멈추지 않고 끝까지 전진해서 그 문제를 해결하게 하십니다. "성을 건축하는 자와 짐을 나르는 자는 다 각각 한 손으로 일을 하며 한 손에는 병기를 잡았는데"(느4:17).

교회 안에서 사명을 감당하고 주중에는 세상에서 살아가는 것이 때로는 힘들고 지칩니다. 우리의 능력만으로는 불가능합니다. 그러나 하나님이 함께 하시기 때문에 하나님을 의지할 때 감당할 수 있습니다. 우리의 싸움은 세상에서 볼 때 무모한 싸움입니다. 문제를 만날 때 기도하고 어려운 시기에 한 푼이라도 더 모아야 하는데 주를 위해 헌신하고 물질을 드리고 시간을 드리고 섬기는 것을 어리석다고 말합니다. 하지만 우리에게 중요한 것은 주님이 지금 나와 함께 하시느냐 입니다. 주님이 함께 하시면 우리는 반드시 승리합니다.

[피드백]

빈칸에 알맞은 단어는 무엇입니까?

1. "믿음의 선한 □□을 싸우라 영생을 취하라 이를 위하여 네가 □□□을 받았고 많은 증인 앞에서 선한 □□을 하였도다"(딤전6:12)

2. "내가 돌아본 후에 일어나서 귀족들과 민장들과 남은 백성에게 말하기를 너희는 그들을 두려워하지 말고 지극히 크시고 두려우신 주를 □□□□ 너희 형제와 자녀와 아내와 집을 위하여 □□□ 하였느니라"(느4:14)

3. "성을 건축하는 자와 짐을 나르는 자는 다 각각 □ □□□ 일을 하며 □ □□□ 병기를 잡았는데"(느4:17)

나눔과 적용

1. 비전과 소망을 따라가는 길에서 나를 가장 두렵게 하는 것은 무엇입니까?
2. 어려운 문제 앞에서 하나님을 의지하여 기도함으로 승리한 경험이 있습니까?
3. 우리가 어떻게 할 때 두려움이 하나님보다 크지 않음을 알 수 있습니까?
4. 말씀을 통해 새롭게 깨닫게 되었거나 받은 은혜를 나누어 봅시다.

제44주

원망이 변하여 아멘으로

♣ **예배 가이드:** *원망과 낙심 대신, 기도하고 아멘으로 선포하여 우리의 원망이 아멘의 응답으로 변하는 성도가 됩시다.*

▪ **본문** : 느헤미야 5장 6~13절

▪ **찬송** : 23장, 428장

▪ **요절**

"그들이 말하기를 우리가 당신의 말씀대로 행하여 돌려보내고 그들에게서 아무것도 요구하지 아니하리이다 하기로 내가 제사장들을 불러 그들에게 그 말대로 행하겠다고 맹세하게 하고"(느5:12)

사람은 누구나 안정되고 편안한 삶을 원하지만 우리의 인생은 끊임없는 위기의 연속을 경험하게 되면서 그 두려움에 남을 원망하거나 환경 탓을 하게 됩니다. 그러나 우리 그리스도인들은 두려움을 담대한 믿음으로 바꾸어야 합니다. 두려움을 용기로 바꿀 수 있는 힘은 바로 하나님의 능력에 있습니다.

"아무 것도 염려하지 말고 다만 모든 일에 기도와 간구로 너희 구할 것을 감사함으로 하나님께 아뢰라 그리하면 모든 지각에 뛰어난 하나님의 평강이 그리스도 예수 안에서 너희 마음과 생각을 지키시리라"(빌4:6~7).

느헤미야와 백성들이 예루살렘 성벽의 재건을 시작하고 외부적인 핍박도 잘 이겨내고 있었는데 이번에는 내부적인 위기를 만나게 되었습니다. 당장에 먹고 살 문제가 닥친 것입니다. 현실적인 문제가 크게 느껴지다 보니 원망이 일어나기 시작합니다. 우리 안에 자리 잡은 원망이 변하여 아멘이 되는 방법은 무엇이 있을까요?

1. 예수 안에 만족함을 얻으라.

"그 때에 백성들이 그들의 아내와 함께 크게 부르짖어 그들의 형제인 유다 사람들을 원망하는데"(느5:1).

원망의 문제가 예루살렘 성벽재건이 시작되면서 일어난 문제는 아니었습니다. 이미 그들의 삶 속에 있던 고통의 문제였습니다.

"그들이 내게 이르되 사로잡힘을 면하고 남아 있는 자들이 그 지방 거기에서 큰 환난을 당하고 능욕을 받으며 예루살렘 성은 허물어지고 성문들은 불탔다 하는지라"(느1:3).

예전이나 지금이나 그들의 삶은 바뀐 것이 없지만 느헤미야로 인해 지금 이스라엘 백성들에게는 소망이 생겼습니다. 하나님이 주시는 비전과 꿈이 생긴 것입니다. 힘든 삶을 살고 있어도 꿈과 소망이 있는 사람은 그것을 향해 달려가며 그 상황에서 벗어날 수 있습니다. 내가 지금 당한 현실보다 더 중요한 것은 우리는 하나님의 백성이고 하나님이 우리를 이끌고 계신다는 것입니다. 사람을 의지하며 사는 것이 아니라 능력의 주님을 의지하며 살아갈 때 원망이 아멘으로 변하는 축복이 임합니다. 예수님 안에서 만족함을 누리길 바랍니다.

2. 하나님의 영광을 생각해야 한다.

"내가 백성의 부르짖음과 이런 말을 듣고 크게 노하였으나 깊이 생각하고 귀족들과 민장들을 꾸짖어 그들에게 이르기를 너희가 각기 형제에게 높은 이자를 취하는도다 하고 대회를 열고 그들을 쳐서"(느5:6~7).

'깊이 생각하고'의 원어가 '말락'이고 이는 '상의하다, 의견을 묻다, 논쟁하다'라는 뜻입니다. 느헤미야가 혼자 상의한 것이 아니고 하나님께 의견을 묻고 상의한 것입니다. 지금 느헤미야는 크게 화가 났지만 그 때 깊이 생각했습니다. 왜 그랬습니까? 하나님의 영광을 가리지 않기 위해서입니다. 지금 백성들 사이에 원망이 시작되면서 다툼이 일어나면 성벽재건의 역사가 중단될지도 모릅니다. 사람들을 분노하게 해서 하나님의 영광을 가리게 만들고 하나님의 역사를 무너뜨리는 것이 바로 사탄의 계략임을 분명히 알아야 합니다.

"내가 또 이르기를 너희의 소행이 좋지 못하도다 우리의 대적 이방 사람의 비방을 생각하고 우리 하나님을 경외하는 가운데 행할 것이 아니냐"(느5:9).

귀족들과 민장들에게 너희의 행동이 올바르지 못해서 이로 인해 비방거리가 되어 하나님의 영광을 가리게 된다고 말하고 있습니다. 우리는 세상의 비방과 조롱을 받지 않고 더 나아가 하나님의 영광을 가리지 않기 위해 신중하게 행동하고 결정하는 하나님의 백성이 되어야 합니다.

3. 아멘으로 여호와를 찬송하라.

"내가 옷자락을 털며 이르기를 이 말대로 행하지 아니하는 자는 모두 하나님이 또한 이와 같이 그 집과 산업에서 털어 버리실지니 그는 곧 이렇게 털려서 빈손이 될지로다 하매 회중이 다 아멘하고 여호와를 찬송하고 백성들이 그 말한 대로 행하였느니라"(느5:13).

'아멘'이라는 말은 '진실합니다, 확실합니다, 그렇게 될 줄 믿습니다'의 뜻입니다. 우리가 아멘으로 화답하고 순종하면 하나님이 그렇게 하십니다. 반드시 이루십니다! 믿어지지 않고 원망이 생기고 문제가 보이고 화가 나고 이해가 되지 않아도 그럼에도 불구하고 아멘이라고 순종하면 하나님이 역사하십니다. 아멘으로 순종하는 것이 바로 하나님을 기쁘시게 하는 찬양입니다. 목사님이 말씀하실 때 진짜 이루어질까? 가능할까? 의심하면 아멘하지 못합니다. 그러나 믿음으로 아멘이라고 대답하면 하나님이 이루시고 가능하게 하십니다.

우리에게 가장 큰 적은 내 안에 있습니다. 우리를 넘어뜨리는 가장 큰 시험은 바로 우리 안에 있는 원망과 분노와 불순종입니다. 사람을 원망하고 환경을 원망하다 보면 하나님까지도 원망하게 됩니다. 그러나 하나님의 손길을 의지하며 아멘이라고 선포하다 보면 분명히 역사하시고 이루어주심을 믿기 바랍니다. 원망하지 말고 하나님을 의지하기 바랍니다. 낙심하지 말고 오직 예수 안에 만족함이 있음을 믿고 깊이 하나님께 기도하고 아멘으로 선포하면 우리의 원망이 변하여 아멘의 응답으로 역사하실 줄 믿습니다.

[피드백]

빈칸에 알맞은 단어는 무엇입니까?

1. "아무 것도 □□하지 말고 다만 모든 일에 □□와 □□로 너희 구할 것을 □□□으로 하나님께 아뢰라 그리하면 모든 지각에 뛰어난 하나님의 □□이 그리스도 예수 안에서 너희 마음과 생각을 지키시리라"(빌4:6~7)

2. "그들이 내게 이르되 사로잡힘을 면하고 남아 있는 자들이 그 지방 거기에서 큰 □□을 당하고 능욕을 받으며 예루살렘 성은 허물어지고 성문들은 불탔다 하는지라"(느1:3)

3. "내가 옷자락을 털며 이르기를 이 말대로 행하지 아니하는 자는 모두 하나님이 또한 이와 같이 그 집과 산업에서 털어 버리실지니 그는 곧 이렇게 털려서 빈손이 될지로다 하매 회중이 다 □□하고 여호와를 찬송하고 백성들이 그 말한 대로 행하였느니라"(느5:13)

나눔과 적용

1. 내 인생의 싸움에서 극복하기 어려운 두려움은 어떤 것들이 있습니까?
2. 그중에서하나님을의지하여두려움이용기로바뀌어승리한경험이있습니까?
3. 나의두려움을용기로바꿀수있는하나님의방법에는어떤것이있습니까?
4. 말씀을 통해 새롭게 깨닫게 되었거나 받은 은혜를 나누어봅시다.

제45주

돌아온 자들의 노래

♣ 예배 가이드: *여전히 고통과 아픔이 있는 세상이지만, 주님이 우리를 부르시는 그 날 참 회복이 임할 것을 소망하며 믿음으로 전진하는 성도가 됩시다.*

▪ **본문** : 느헤미야 7장 66~73절

▪ **찬송** : 407장, 508장

▪ **요절**

"이와 같이 제사장들과 레위 사람들과 문지기들과 노래하는 자들과 백성 몇 명과 느디님 사람들과 온 이스라엘 자손이 다 자기들의 성읍에 거주하였느니라" (느 7:73)

코로나 19로 인해 우리의 삶에 많은 변화들이 생겨났습니다. 어쩌면 변화라고 하기 보다 위기라고 할 수 있습니다. 경제적 위기, 시대적 위기, 신앙의 위기입니다. 이런 위기 속에서 우리는 어떻게 살아야 할까요? 지금이야말로 진정한 회복을 이루어야 합니다. 안전한 자리로 돌아와야 합니다. 가장 안전한 곳은 어디일까요?

바로 하나님 아버지께로 돌아오는 것입니다. 주님 안으로 돌아오는 것입니다. 흩어져있던 우리의 생각들, 내 마음의 중심들, 삶의 방향들, 자리를 잃어버리고 방황했던 내 신앙을 주님 중심으로 자리 잡고 진정한 회복을 이루어야 합니다. 그렇다면 무엇이 돌아와야 합니까?

1. 예배하는 자들이 돌아와야 합니다.

"성벽이 건축되매 문짝을 달고 문지기와 노래하는 자들과 레위 사람들을 세운 후에"(느7:1).

느헤미야는 성벽이 완공된 후 문을 지키는 자들과 예배하는 자들을 가장 먼저 세웠습니다. 회복의 시작은 바로 예배입니다. 예배가 올바로 세워져야 우리 삶이 비로소 회복되어 지는 것입니다. 코로나가 시작된 후 비대면이라는 명목으로 온라인으로 예배를 드리게 되었습니다. 비록 성전이 아니더라도 지금 있는 그 자리에서 하나님을 올바로 예배하는 예배자가 될 때 그 예배를 통해 하나님은 우리의 삶에 놀라운 회복의 역사를 일으켜 주실 줄 믿습니다.

"아버지께 참되게 예배하는 자들은 영과 진리로 예배할 때가 오나니 곧 이 때라 아버지께서는 자기에게 이렇게 예배하는 자들을 찾으시느니라"(요4:23).

우리나라에 1200만 명의 개신교인들과 전 세계 4억 4천만 명이 개신교인데 하나님은 왜 예배자를 찾으신다고 말씀하고 있습니까? 하나님은 다른 사람을 찾고 계신 것이 아니라 우리 자신이 진정한 예배자가 되기를 원하십니다. 얼마나 많은 사람들이 예배를 드리고 있느냐보다 얼마나 하나님을 참되게 예배하느냐가 중요한 것입니다. 오늘날이 왜 위기입니까? 예배드리기가 정말 힘든 시대이기 때문입니다. 어쩔 수 없이 온라인으로 예배를 드리고는 있지만 예배에 집중하기가 얼마나 힘이 듭니까? 이럴 때일수록 더욱더 집중해야 하고 마음을 다해야 하고 힘을 다해 예배를 드려야 합니다. 우리가 회복하고 살아나기 위해서는 다른 것이 없습니다. 예배밖에 없습니다. 참된 회복의 역사가 예배를 통해 일어나기 바랍니다.

2. 사명자들이 돌아와야 합니다.

"내 아우 하나니와 영문의 관원 하나냐가 함께 예루살렘을 다스리게 하였는데 하나냐는 충성스러운 사람이요 하나님을 경외함이 무리 중에 뛰어난 자라"(느7:2).

예루살렘의 회복의 위해 돌아와야 할 사람은 하나님을 두려워하고 경외하는 하나님의 일에 충성을 다하는 사명자입니다. 사명자라는 말은 하나님께 부름 받은 사람이라는 뜻이지만 그 안에 있는 깊은 뜻은 하나님을 위해 죽을 각오를 가진 사람입니다. 아프리카 선교의 개척자인 리빙스턴 선교사가 이런 말을 했습니다. "사명자는 사명을 다할 때까지 결코 죽지 않는다." 우리 신앙의 회복, 삶의 회복을 위해서 우리는 사명자가 되어야 합니다. 그리고 교회의 회복도 사명자들이 이루는 것입니다. 주님의 몸 된 교회를 위해서, 하나님이 나에게 맡겨주신 사명과 복음의 사명을 감당하기 위해서 충성을 다하는 사명자를 통해 교회가 세워지고 하나님의 나라가 이루어집니다. 또 내 가정을 살리겠다는 분명한 사명이 있는 부모를 통해 가정이 살아납니다. 자신의 인생에 분명한 사명이 있는 자녀를 통해 그 자녀의 삶이 살아나는 것입니다. 예루살렘 성벽이 재건된 것으로 다 이루어진 것이 아니라 예루살렘을 지키겠다는 각오와 사명이 있는 사람들이 세워질 때 진정으로 예루살렘은 회복되는 것입니다.

3. 하나님의 백성들이 돌아와야 합니다.

"이와 같이 제사장들과 레위 사람들과 문지기들과 노래하는 자들과 백성 몇 명과 느디님 사람들과 온 이스라엘 자손이 다 자기들의 성읍에 거주하였느니라"(느7:73).

느헤미야 7장 5절부터 60절까지는 예루살렘에 돌아오는 자손들에 대해 말씀하고 있습니다. 그들이 어디에서부터 왔는지에 대해서는 말하지 않고 돌아온 그들이 누구인지에 대해서만 말씀하고 있습니다. 하나님은 하나님의 백성들이 돌아올 때 그들이 어디에 있었는지, 어떤 과거를 가지고 있는지는 보시지 않고 다만 지금 예루살렘으로 돌아왔는지만 보고 계신 것입니다. 하나님은 우리가 어떤 삶을 살아왔는지, 어떤 상처와 아픔의 역사를 가지고 있는지 보다 하나님께 돌아오느냐를 기다리시고 보고 계십니다. 그리고 하나님의 나라 백성들은 궁극적으로 저 천국에 들어가야 합니다. 외국에 가서 입국심사를 할 때 외국인의 신분이면 이것저것 까다롭게 물어보기에 입국심사를 맘 졸이며 받아야 하지만 그 나라 국민들은 거침없이 당당하게 들어가는 것을 볼 수 있습니다. 이 세상은 하나님의 백성들에게 왜 왔느냐, 뭐 하러 왔느냐 자꾸 확인하며 긴장하게 합니다. 그러나 하나님의 나라에 들어가면 그때는 당당하게 자신있게 주님과 함께 들어갑니다. 그때야 비로소 참된 회복이 이루어집니다. 그때까지는 완전히 회복된 것이 아닙니다. 여전히 고통이 있고 아픔이 있습니다. 그러나 주님이 우리를 부르시는 그 날, 하나님의 백성으로 돌아가는 그 때에 비로소 우리는 돌아온 자의 노래를 부르게 될 것입니다. 참된 회복이 임하는 그 날을 사모하며 믿음으로 전진하는 하나님의 백성들이 되기 바랍니다.

[피드백]

빈칸에 알맞은 단어는 무엇입니까?

1. "아버지께 참되게 예배하는 자들은 영과 진리로 □□할 때가 오나니 곧 이 때라 아버지께서는 자기에게 이렇게 □□하는 자들을 찾으시느니라"(요4:23)

2. "내 아우 하나니와 영문의 관원 하나냐가 함께 예루살렘을 다스리게 하였는데 하나냐는 □□스러운 사람이요 하나님을 □□□이 무리 중에 뛰어난 자라"(느7:2)

3. "이와 같이 제사장들과 레위 사람들과 문지기들과 □□하는 자들과 백성 몇 명과 느디님 사람들과 온 이스라엘 자손이 다 자기들의 □□에 거주하였느니라"(느7:73)

나눔과 적용

1. 나의예배가참된예배로하나님께올려드려지기위해변해야할것은무엇입니까?
2. 우리 교회와믿음의가정을위해내가끝까지 붙들어야할사명은무엇입니까?
3. 잃어버린하나님의백성들이돌아오도록하기위해오늘내가해야할일은무엇입니까?
4. 말씀을 통해 새롭게 깨닫게 되었거나 받은 은혜를 나누어 봅시다.

제46주

슬픔이 변하여 기쁨으로

♣ 예배 가이드: *슬픔이 변하여 기쁨이 되게 하시는 하나님의 능력이 우리의 삶에 충만한 성도가 됩시다.*

▪ **본문** : 느헤미야 8장 5~12절

▪ **찬송** : 183장, 285장

▪ **요절**

"느헤미야가 또 그들에게 이르기를 너희는 가서 살진 것을 먹고 단 것을 마시되 준비하지 못한 자에게는 나누어주라 이 날은 우리 주의 성일이니 근심하지 말라 여호와로 인하여 기뻐하는 것이 너희의 힘이니라 하고"(느8:10)

우리의 삶에 힘들고 어려운 시간을 지날 때가 있지만 하나님이 주신 역경의 끝에는 반드시 기쁨으로 회복시켜 주십니다.

"사람이 감당할 시험 밖에는 너희가 당한 것이 없나니 오직 하나님은 미쁘사 너희가 감당하지 못할 시험 당함을 허락하지 아니하시고 시험 당할 즈음에 또한 피할 길을 내사 너희로 능히 감당하게 하시느니라"(고전10:13).

하나님은 느헤미야를 통해 예루살렘 성벽을 재건하며 이스라엘 백성들을 회복시켜 가십니다. 세상 속에 흩어져 있던 이스라엘 백성들이 예루살렘에 모이자 그들은 하나님의 말씀 중심으로 은혜중심으로 회복되기 시작합니다. 하나님이 함께 하는 예배의 자리, 은혜의 자리를 통해 우리 안에 하나님이 주시는 은혜의 풍성함으로 모든 슬픔이 변하여 기쁨이 되는 역사가 임합니다.

1. 말씀을 사모해야 합니다.

"이스라엘 자손이 자기들의 성읍에 거주하였더니 일곱째 달에 이르러 모든 백성이 일제히 수문 앞 광장에 모여 학사 에스라에게 여호와께서 이스라엘에게 명령하신 모세의 율법책을 가져오기를 청하매"(느8:1).

이스라엘 백성들이 예루살렘에 돌아와 성벽을 재건한 후 그들에게 하나님의 말씀에 대한 갈망, 하나님 말씀에 대한 사모함이 일어나기 시작했습니다. 이스라엘 백성들이 왜 고난을 당했습니까? 그들이 하나님의 말씀을 어겼고 멀리했기 때문입니다. 오랜 포로생활과 고통 중에 그들은 하나님의 말씀에 대한 깊은 영적인 갈급함을 느끼게 되었고 이제는 하나님의 말씀이 듣고 싶다고, 말씀을 가르쳐달라고 간청하기 시작한 것입니다.

지금 우리들도 처한 삶의 환경과 기도제목, 신앙생활의 경력이 달라도 영적 갈급함은 모두에게 있고 그것은 바로 하나님의 말씀으로만 채워질 수 있습니다. 참된 삶의 회복은 가장 먼저 하나님의 말씀에 대한 사모함에서부터 시작됩니다. 우리 안에 하나님의 말씀과 예배에 대한 갈망이 있다면 하나님은 반드시 우리를 회복시켜주실 것입니다. 갈급함이 있다는 것은 살아있다는 증거입니다. 신기하게도 영적으로 충만하면 충만할수록 더욱 은혜를 사모하게 되고 반대로 영적으로 나태하면 나태할수록 은혜로부터 멀어집니다. 날마다 갈급함으로 영적으로 살아있는 성도가 되길 바랍니다.

2. 아멘으로 믿어야 합니다.

"에스라가 위대하신 하나님 여호와를 송축하매 모든 백성이 손을 들고 아멘 아멘하고 응답하고 몸을 굽혀 얼굴을 땅에 대고 여호와께 경배하니라"(느8:6).

말씀을 듣던 이스라엘 백성들의 마음이 뜨거워지기 시작했습니다. 처음에는 귀로 말씀을 들었는데 이제는 마음으로 들리고 심령이 뜨거워지면서 손을 들고 아멘 아멘으로 반응하기 시작합니다. '두 손을 든다'는 것은 하나님만을 의지한다, 전적으로 하나님의 말씀만 신뢰한다는 뜻입니다. '몸을 굽힌다'는 것은 그 말씀 안에 내가 엎드리고 굴복하고 순종한다는 뜻입니다. '아멘'으로 응답했다는 것은 그렇게 될 줄 믿습니다, 말씀대로 이루어질 줄 믿는다는 뜻입니다. 하나님의 말씀을 아멘하며 믿는 성도는 그 말씀대로 이루어지고 말씀대로 살아나게 됩니다.

마태복음 13장의 씨 뿌리는 자의 비유에서 네 가지의 밭, 길가, 돌밭, 가시떨기, 좋은 땅에 씨가 뿌려지는데 밭은 우리의 마음, 씨앗은 하나님의 말씀을 의미합니다. 결국 문제는 씨앗이 아니라 밭이 문제라고 말씀합니다. 하나님의 말씀이 선포될 때 그 말씀을 존귀하게 여기고 전적으로 믿으며 아멘으로 화답해야 좋은 땅에 뿌려진 씨앗이 싹이 나고 꽃이 피며 열매가 맺는 것처럼 우리 심령에 회복이 일어나게 됩니다.

3. 슬픔은 변하여 기쁨이 됩니다.

"백성이 율법의 말씀을 듣고 다 우는지라 총독 느헤미야와 제사장 겸 학사 에스라와 백성을 가르치는 레위 사람들이 모든 백성에게 이르기를 오늘은 너희 하나님 여호와의 성일이니 슬퍼하지 말며 울지 말라 하고"(느8:9).

말씀을 듣던 이스라엘 백성들이 울기 시작합니다. 은혜를 받으면 눈물이 납니다. 율법 속에서도 하나님의 긍휼을 느끼게 되고 하나님이 그들을 얼마나 사랑하시는지를 깨닫게 되었습니다. 이것이 바로 말씀의 능력으로 회개의 눈물과 감사의 눈물이 함께 나오는 것입니다. 이 눈물에는 치유의 힘, 회복의 힘이 있습니다. 그런데 계속해서 울고만 있으면 안 됩니다. 울고 있는 백성들에게 에스라와 느헤미야가 말합니다. "슬퍼하지 말며 울지 말라"(느8:9) "근심하지 말라 여호와로 인하여 기뻐하라"(느8:10) "근심하지 말라"(느8:11). 기쁨을 회복해야 합니다. 근심이 변하여 기쁨이 되는 기적을 경험해야 합니다. 어떻게 우리는 기뻐할 수 있습니까? 하나님이 우리의 힘이시기 때문입니다. 주님이 우리와 함께 하시기 때문입니다. 나인성 과부가 하나밖에 없는 아들이 죽은 후 슬픔으로 울고 있을 때 예수님을 만나고 그 아들이 다시 살아나면서 슬픔이 기쁨으로 바뀌었습니다. 세상에서 가슴 아픈 일, 힘든 일, 죄로 인해 고통 받는 일, 어려운 근심으로 우는 심령으로 주님 전에 왔다면 예배를 드리고 하나님의 말씀을 듣고 돌아갈 때는 기쁨으로 눈물을 닦아낼 수 있습니다. 내 모든 것을 아시고 나와 동행하시는 하나님이 내 인생을 책임지시고 나를 도와주신다는 확신으로 힘을 얻고 기쁨을 회복할 수 있습니다. 슬픔이 변하여 기쁨이 되게 하시는 하나님의 능력이 우리의 삶에 충만하게 임하기를 바랍니다.

[피드백]

빈칸에 알맞은 단어는 무엇입니까?

1. "이스라엘 자손이 자기들의 성읍에 거주하였더니 일곱째 달에 이르러 모든 백성이 일제히 수문 앞 광장에 모여 학사 □□□에게 여호와께서 이스라엘에게 명령하신 모세의 □□□을 가져오기를 청하매"(느8:1)

2. "에스라가 위대하신 하나님 여호와를 □□하매 모든 백성이 손을 들고 □□ □□하고 응답하고 몸을 굽혀 얼굴을 땅에 대고 여호와께 □□하니라"(느8:6)

3. "백성이 율법의 말씀을 듣고 다 우는지라 총독 □□□□와 제사장 겸 학사 □□□와 백성을 가르치는 □□ 사람들이 모든 백성에게 이르기를 오늘은 너희 하나님 여호와의 성일이니 슬퍼하지 말며 울지 말라 하고"(느8:9)

나눔과 적용

1. 상황을넘어아멘으로말씀을받을때성도들에게어떤일들이일어나게됩니까?
2. 내가말씀을사모하고갈망하여은혜를경험한적이있다면나눠주십시오.
3. 나의슬픔을변하여기쁨이되게하실하나님앞에서내가드릴반응은무엇입니까?
4. 말씀을 통해 새롭게 깨닫게 되었거나 받은 은혜를 나누어 봅시다.

[추수감사주일]

제47주

감사의 노래

♣ 예배 가이드: *하나님을 믿고 의지하여, 사망의 음침한 골짜기를 지날 때에도 감사의 노래를 놓치지 않는 성도가 됩시다.*

▪ **본문** : 시편 23편 1~6절

▪ **찬송** : 569장, 570장

▪ **요절**

"여호와는 나의 목자시니 내게 부족함이 없으리로다" (시 23:1)

페리(J.L.G.Ferris)라는 사람이 그린 'The First Thanksgiving' 그림이 있습니다. 이 그림에는 청교도인들이 메이플라워호를 타고 도착한 대륙에서 혹독한 겨울을 보낸 후 다음 해 봄에 땅을 개간하고 씨를 뿌려 열심히 농사를 지어 첫 수확한 농작물로 하나님께 감사의 예배를 드릴 때 자신들에게 종자를 나눠주고 농사법을 알려준 인디언들을 함께 불러 같이 감사함을 나누는 것이 나타나 있습니다.

그러나 그것이 얼마나 풍족했을까요? 하지만 작은 것이라도 이웃과 함께 나누며 여기까지 지켜주신 하나님의 은혜에 감사하는 것이 진정한 추수감사절의 고백이 아니었을까요? 그래서 다윗도 고백하고 있습니다.

"여호와는 나의 목자시니 내게 부족함이 없으리로다"(시23:1).

1. 푸른 초장에서 부르는 감사의 노래입니다.

"그가 나를 푸른 풀밭에 누이시며 쉴만한 물가로 인도하시는도다"(시23:2).

우리는 언제 감사할까요? 사람들이 많이 가지게 되면 더 많이 감사할 것 같습니다. 그런데 이전보다 풍요로운 삶을 살아갈 때 그 삶에 만족하는 사람은 오히려 더 적습니다.

"나는 비천에 처할 줄도 알고 풍부에 처할 줄도 알아 모든 일 곧 배부름과 배고픔과 풍부와 궁핍에도 처할 줄 아는 일체의 비결을 배웠노라 내게 능력 주시는 자 안에서 내가 모든 것을 할 수 있느니라"(빌4:12~13).

사도 바울이 이런 말을 할 수 있었던 것은 오직 하나님 한 분 만으로 만족하기 때문입니다. 왜 아담과 하와가 풍요로운 에덴동산에 살면서도 하나님이 오직 하나 금하신 선악과를 먹는 죄를 지었습니까?

그들은 만족하지 못했기 때문입니다. 감사하지 못했기 때문입니다. 지금 우리에게 주신 것, 가진 것에 감사하기 바랍니다. 자녀가 속을 좀 썩이고 남편과 아내로 인해 때론 속이 상해도 가정을 주심에 감사하기 바랍니다. 자녀가 있어서 부모가 될 수 있었고 아무리 그래도 내 편은 남편, 나를 잘 아는 사람은 아내밖에 없습니다. 일터 주심에 감사하고 직장과 학교에 다닐 수 있음에 감사하고 예배를 드릴 수 있는 교회 주심에 감사하고 사명주심에 감사하시기 바랍니다. 둘러보면 다 푸른 초장, 쉴만한 물가입니다. 하나님께서 여기까지 인도해주셨습니다.

2. 어둠 속에서 부르는 감사의 노래입니다.

"내가 사망의 음침한 골짜기로 다닐지라도 해를 두려워하지 않을 것은 주께서 나와 함께 하심이라 주의 지팡이와 막대기가 나를 안위하시나이다"(시23:4).

세계적인 바이올리니스트 이작 펄만의 이야기입니다. 이스라엘에서 태어난 그는 어릴 적 소아마비로 인해 한쪽 다리를 절게 되었습니다. 그러나 꿈을 포기하지 않았고 최고의 바이올리니스트가 되었습니다. 뉴욕의 한 장애인 후원 음악회에서 협연을 하던 중 바이올린 줄 하나가 끊어져 버렸습니다. 그곳에 있던 모든 사람들이 줄이 끊어지는 소리를 들었습니다. 그때 펄만은 잠시 눈을 감았다가 뜨고는 지휘자에게 다시 연주를 시작해달라는 신호를 보냅니다.

결국 펄만은 남은 3개의 현으로 연주를 끝까지 마쳤습니다. 나중에 이 날에 대한 기사가 났습니다. '세 개의 줄로 교향곡을 연주하는 것이 불가능한데 펄만은 머릿속으로 조를 바꾸어서 곡을 재구성하며 연주를 했다.'라고 밝히면서 '삶이란 뜻하지 않는 어려움의 연속이다. 그러나 모자라면 모자란 대로 최선을 다하는 모습을 보여주고 싶었다'라고 말했습니다.

우리의 삶에도 뜻하지 않게 역경이 찾아올 때가 있습니다. 그러나 사망의 음침한 골짜기 같은 곳을 지날 때에도 감사의 노래가 끊어지면 안 됩니다. 하나님을 믿고 의지하는 그 믿음의 줄만 살아있다면 반드시 그 고난도 이겨낼 수 있습니다.

3. 승리를 주신 주님께 부르는 감사의 노래입니다.

"주께서 내 원수의 목전에서 내게 상을 차려주시고 기름을 내 머리에 부으셨으니 내 잔이 넘치나이다"(시23:5).

이 말씀에서 '원수'는 사람이 아니라 우리를 괴롭히는 사탄, 마귀, 환경, 고난을 뜻합니다. 절망 중에서 회복시키기는 하나님, 질병에서 고쳐주신 하나님, 소망이 없는 삶에서 빛을 비춰주신 하나님께 감사의 노래를 불러야 합니다.

그리고 고난과 역경을 끝까지 승리한 성도, 믿음을 잃어버리지 않고 인내함으로 승리를 이룬 자에게 풍성한 잔칫상을 차려 주시고 머리에 기름을 부으시며 인정해주시고 높여주십니다.

승리는 다른 것이 아니라 작은 죄에서부터 싸워 이기면 승리한 것입니다. 우리는 넘어뜨리는 사탄의 말, 세상의 유혹, 나태함, 교만함, 게으름, 세상을 하나님보다 더 사랑한 것, 이런 원수들에서부터 승리하기 바랍니다. 한 베네딕트 수도사가 "행복이 우리를 감사하게 만드는 것이 아니라 우리가 감사하기 때문에 행복한 것이다."라고 말했습니다.

"내 평생에 선하심과 인자하심이 반드시 나를 따르리니 내가 여호와의 집에 영원히 살리로다"(시23:6).

우리의 삶을 선하심과 인자하심으로 늘 인도하는 하나님께 항상 감사의 노래를 올려드리는 삶을 사는 성도가 되기 바랍니다.

[피드백]

빈칸에 알맞은 단어는 무엇입니까?

1. "여호와는 나의 □□시니 내게 □□□이 없으리로다"(시23:1)

2. "내가 사망의 음침한 □□□로 다닐지라도 해를 두려워하지 않을 것은 주께서 나와 □□ 하심이라 주의 지팡이와 □□□가 나를 안위하시나이다"(시23:4)

3. "내 평생에 선하심과 □□□□이 반드시 나를 따르리니 내가 여호와의 □에 영원히 살리로다"(시23:6)

나눔과 적용

1. 나는 즐겁고 기쁠 때는 감사하지만, 어려움과 환란이 닥치면 원망하지는 않습니까?
2. 지금까지 인도해 오신 하나님의 사랑과 은혜에 나는 얼마나 감사하고 있습니까?
3. 시험과 절망, 어려운 상황 가운데서 우리가 어떻게 이겨낼 수 있습니까?
4. 말씀을 통해 새롭게 깨닫게 되었거나 받은 은혜를 나누어봅시다.

제48주

절교하고 자복하면 경배가 됩니다

♣ 예배 가이드: *모든 죄악과 절교하고 하나님께로 돌아와, 이 시대, 나라와 민족을 위해 애통하며 기도하는 성도가 됩시다.*

■ **본문** : 느헤미야 9장 1~5절

■ **찬송** : 273장, 315장

■ **요절**

"이 날에 낮 사분의 일은 그 제자리에서 서서 그들의 하나님 여호와의 율법책을 낭독하고 낮 사분의 일은 죄를 자복하며 그들의 하나님 여호와께 경배하는데" (느 9:3)

이스라엘 백성들에 의해 예루살렘 성벽은 52일 만에 완공되었지만, 이후 하나님은 계속해서 이스라엘 백성들의 영적인 회복을 요구하고 계십니다. 이스라엘 백성들 안에 하나님과의 관계가 깨어지고 무너져 있었기 때문에 그들의 삶이 황폐하게 되었다는 것을 깨닫게 하시고 다시 회복하기를 원하신 것입니다. 그들은 어떻게 하나님과 회복을 하게 되었을까요?

1. 절교입니다.

"그 달 스무나흗 날에 이스라엘 자손이 다 모여 금식하며 굵은 베 옷을 입고 티끌을 무릅쓰며 모든 이방 사람들과 절교하고 서서 자기의 죄와 조상들의 허물을 자복하고"(느9:1~2).

'절교'라는 말의 원어는 '바달'로 '분리하다, 떠나다, 끊어버리다, 구별되다'의 뜻입니다. 이는 더 이상 이방사람들과 어울리지 않겠다는 정도의 뜻이 아닌 이방인들과의 혼인도 취소하고 이방인의 신을 믿는 것과 그들의 행동과 습관을 완전히 끊어버리고 하나님께로 돌아오겠다는 뜻입니다. 죄로부터 절교한다는 것은 내 안에 자리 잡고 함께 살아가며 나도 모르게 습관적으로 나오는 말과 행동, 생각의 죄악들을 끊어버리고 분리하는 것입니다. 그런데 우리가 죄로부터 절교해야함을 알면서도 왜 쉽게 끊지 못할까요?

죄가 주는 쾌락과 즐거움이 너무나도 크기 때문입니다. 담배가 백해무익하다는 것을 담배를 피우는 사람들도 알고 있고 담배의 겉면에는 무시무시한 사진들이 가득하지만 그들이 담배를 끊지 못하는 것은 단순한 의지의 문제가 아니라 뇌에 문제가 있기 때문입니다. 담배를 피울 때 스트레스가 해소되는 느낌을 받는데 이는 담배의 니코틴으로 인해 쾌락 호르몬이라고 불리는 도파민이 분비되는데 이 자극과 반응이 이미 뇌에 새겨져 있기 때문에 의지만으로는 담배를 끊을 수 없다고 합니다. 그래서 담배가 진짜 나를 행복하게 하는 것이 아니라 나를 죽이는 독이라는 사실과 반드시 끊어야 한다는 분명한 목적을 뇌가 인지할 수 있게 해야 담배를 끊을 수 있습니다.

죄가 악하다는 것을 우리가 분명하게 알고 잠깐의 즐거움이 주는 도파민에 취해서 죄를 계속해서 짓는 것이 아니라 죄로부터 절교하고 돌아서서 참된 자유함과 회복을 얻고 누려야 합니다.

2. 자복하라.

"모든 이방사람들과 절교하고 서서 자기의 죄와 조상들의 허물을 자복하고"(느9:2).

19세기 영국의 탁월한 설교자였던 아더 핑크 목사가 "신앙을 가졌다고 말로만 떠벌리는 사람들과 하나님의 자녀를 구별 짓는 기준이 있다. 그것은 그들에게 죄가 있느냐 없느냐가 아니라 죄에 대하여 애통해하느냐 그렇지 않느냐에 달려있다."라고 말했습니다. 죄가 없는 사람은 아무도 없습니다. 다만 예수 그리스도를 믿는 자는 모든 죄에서

부터 용서함을 얻게 되고 죄에 대한 감각이 일어나면서 작은 죄에 대해서도 민감해지고 죄에 대해 더욱 애통하게 됩니다. 우리 신앙은 죄에 대해 얼마나 민감해하고 있습니까? 얼마나 죄를 자복하며 회개하고 살아가고 있습니까? 다윗의 고백입니다.

"무릇 나는 내 죄과를 아오니 내 죄가 항상 내 앞에 있나이다"(시51:3).

이스라엘 백성들처럼 자기들의 죄와 조상들의 허물까지도 자복하는 회개가 우리에게도 있어야 합니다. 애통함 속에 하나님께 자복할 때 이스라엘 백성을 회복시키신 하나님은 우리도 회복시켜주실 것입니다. "자기의 죄를 숨기는 자는 형통하지 못하나 죄를 자복하고 버리는 자는 불쌍히 여김을 받으리라"(잠28:13).

3. 경배하게 됩니다.

"이 날에 낮 사분의 일은 그 제자리에서 서서 그들의 하나님 여호와의 율법책을 낭독하고 낮 사분의 일은 죄를 자복하며 그들의 하나님 여호와께 경배하는데"(느9:3).

죄에서부터 자유함을 얻은 자들이 누릴 수 있는 가장 큰 축복은 바로 하나님을 온전하게 예배할 수 있는 것입니다. 마음껏 하나님을 찬양하는 것입니다. 하나님이 주시는 은혜를 경험하게 되는 것입니다. 요한복음 4장에 한낮에 우물가에 나온 사마리아 여인에게 예수님이 찾아가셨습니다. 사람들의 시선 때문에 우물가에도 마음대로 나올 수 없었던 이 여인의 갈망은 정작 물이 아닌 예배였습니다.

"우리 조상들은 이 산에서 예배하였는데 당신들의 말은 예배할 곳이 예루살렘에 있다 하더이다"(요4:20).

이 여인에게 예수님은 참된 예배가 있음을 알려주십니다. 육신의 갈증보다 더 고통스러운 것은 바로 영적인 갈증이고 이 영적인 갈증을 해결하는 방법은 바로 예수 그리스도 한 분이십니다.

"…주여 주의 영화로운 이름을 송축하올 것은 주의 이름이 존귀하여 모든 송축이나 찬양에서 뛰어남이니이다"(느9:5).

죄로부터 자유함을 얻어 오직 하나님의 이름만을 높이는 참된 예배가 회복되길 바랍니다.

"내 이름으로 일컫는 내 백성이 그들의 악한 길에서 떠나 스스로 낮추고 기도하여 내 얼굴을 찾으면 내가 하늘에서 듣고 그들의 죄를 사하고 그들의 땅을 고칠지라"(대하7:14).

하나님께로 돌아와 이 시대를 위해, 나라와 민족을 위해 애통하며 기도하는 성도가 되길 바랍니다.

[피드백]

빈칸에 알맞은 단어는 무엇입니까?

1. "그 달 스무나흗 날에 이스라엘 자손이 다 모여 □□하며 굵은 베 옷을 입고 티끌을 무릅쓰며 모든 이방 사람들과 □□하고 서서 자기의 죄와 조상들의 허물을 □□하고"(느9:1~2)

2. "자기의 죄를 숨기는 자는 □□하지 못하나 죄를 자복하고 버리는 자는 □□□ 여김을 받으리라"(잠28:13)

3. "이 날에 낮 사분의 일은 그 제자리에서 서서 그들의 하나님 여호와의 □□□을 낭독하고 낮 사분의 일은 죄를 □□하며 그들의 하나님 여호와께 □□하는데"(느9:3)

나눔과 적용

1. 우리가 우리 죄를 자복할 때 하나님께서 어떤 은혜를 주십니까?
2. 하나님께 나아가기 위해 내가 절교하고 버려야 할 것에는 어떤 것이 있습니까?
3. 예배하는 기쁨과 감동을 회복하기 위해 우리가 가져야 할 자세는 무엇입니까?
4. 말씀을 통해 새롭게 깨닫게 되었거나 받은 은혜를 나누어 봅시다.

제49주

스스로 정하는 규례

♣ 예배 가이드: *말씀을 지켜 행하기로, 거룩한 삶을 살기로, 그리스도의 몸인 교회를 사랑하고 섬기기로 결단하는 성도가 됩시다.*

▪ **본문** : 느헤미야 10장 28~39절

▪ **찬송** : 463장, 586장

▪ **요절**

"우리의 딸들을 이 땅 백성에게 주지 아니하고 우리의 아들들을 위하여 그들의 딸들을 데려오지 아니하며 혹시 이 땅 백성이 안식일에 물품이나 온갖 곡물을 가져다가 팔려고 할지라도 우리가 안식일이나 성일에는 그들에게서 사지 않겠고 일곱째 해마다 땅을 쉬게 하고 모든 빚을 탕감하리라 하였고" (느 10:30~31)

본문에서는 하나님의 말씀을 들은 이스라엘 백성들이 스스로 결심하고 하나님 앞에 구체적인 규례를 정하고 순종하기를 결단하고 있습니다. 새롭게 살고자 하는 결심을 문서로 기록하여 견고한 언약을 세우고 그 결심을 기록한 문서에 자신들의 이름을 서명하고 있습니다.

그냥 마음먹은 것으로 끝나는 것이 아니라 문서를 만들고 서명함으로써 하나님 앞과 백성들 앞에 순종의 결심을 약속한 것입니다. 이스라엘 백성들의 스스로 정한 규례는 무엇이며 우리가 본받아야 할 결단은 무엇입니까?

1. 말씀을 지켜 행하기로 결단하였습니다.

"그 남은 백성과 제사장들과 레위 사람들과 문지기들과 노래하는 자들과 느디님 사람들과 및 이방 사람과 절교하고 하나님의 율법을 준행하는 모든 자와 그들의 아내와 그들의 자녀들 곧 지식과 총명이 있는 자들은 다 그들의 형제 귀족들을 따라 저주로 맹세하기를 우리가 하나님의 종 모세를 통하여 주신 하나님의 율법을 따라 우리 주 여호와의 모든 계명과 규례와 율례를 지켜 행하여"(느10:28~29).

무엇을 하든지 기본기가 중요하듯 신앙생활에서의 기본기는 바로 하나님의 말씀입니다. 그리스도인의 유일한 삶의 표준은 하나님의 말씀입니다. '죄'라는 말의 원어의 뜻은 '과녁에서 빗나갔다'입니다. 표준인 하나님의 말씀에서 빗나가는 것이 바로 죄입니다. 하나님의 말씀에 우리 삶의 초점을 맞추고 기준을 맞추어 살아갈 때 하나님은 그 백성을 지키시고 인도하시고 복을 주심을 믿으시기 바랍니다.

16세기 종교개혁을 일으킨 마르틴 루터와 칼뱅, 쯔빙글리 등 종교개혁자들은 '개신교의 5대 강령'을 말했습니다. '오직 성경으로(Sola Scriptura), 오직 은혜로(Sola Gratia), 오직 그리스도로(Solus Christus), 오직 믿음으로(Sola Fide), 오직 하나님께 영광(Soli Deo Gloria)' 그 중에 '오직 성경으로'를 기본 중의 기본으로 정했습니다. 오직 말씀 중심으로 살아가는 성도가 되기 바랍니다.

"주의 말씀은 내 발에 등이요 내 길에 빛이니이다"(시119:105).

2. 거룩한 삶을 지켜 행하겠다고 결단하였습니다.

"우리의 딸들을 이 땅 백성에게 주지 아니하고 우리의 아들들을 위하여 그들의 딸들을 데려오지 아니하며 혹시 이 땅 백성이 안식일에 물품이나 온갖 곡물을 가져다가 팔려고 할지라도 우리가 안식일이나 성일에는 그들에게서 사지 않겠고 일곱째 해마다 땅을 쉬게 하고 모든 빚을 탕감하리라 하였고"(느10:30~31).

지금 이스라엘 백성들은 이방인과 결혼하여 이방 신을 섬기는 죄에서 떠나며, 하나님이 명령하신 규례들을 지키며 하나님의 백성으로 거룩한 삶을 살아가겠다고 결심하고 있습니다. 미국의 케빈 드영 목사는 자신이 쓴 『그리스도인의 구멍난 거룩』이라는 책에서 "그리스도께서 무엇으로부터 우리를 구원해주셨는지에 대해 우리는 축하하고 기뻐하지만, 그리스도께서 무엇을 위해 우리를 구원해 주셨는지에 대해서는 아무런 생각도 노력도 하지 않고 있다."라고 말하고 있습니다. 주님은 죄로부터 우리를 구원해주셨습니다. 그러면 무엇을 위해 우리를 구원해 주셨을까요?

"찬송하리로다 하나님 곧 우리 주 예수 그리스도의 아버지께서 그리스도 안에서 하늘에 속한 모든 신령한 복을 우리에게 주시되 곧 창세 전에 그리스도 안에서 우리를 택하사 우리로 사랑 안에서 그 앞에 거룩하고 흠이 없게 하시려고"(엡1:3~4).

하나님이 거룩한 분이시니 우리도 그 거룩함을 지켜야 합니다. 성도의 참된 거룩함은 그리스도의 성품을 따라 죄를 멀리하고 하나님이 기뻐하시는 삶을 위해 노력하며 하나님이 기뻐하시는 예배의 삶을 살아가는 것, 바로 그리스도인답게 살아가는 것입니다. 하나님의 백성으로 거룩한 그리스도인으로 살아가기 바랍니다.

3. 하나님의 성전을 돌보겠다고 결단하였습니다.

"우리가 또 스스로 규례를 정하기를 해마다 각기 세겔의 삼분의 일을 수납하여 하나님의 전을 위하여 쓰게 하되"(느10:32).

"곧 이스라엘 자손과 레위 자손이 거제로 드린 곡식과 새 포도주와 기름을 가져다가 성소의 그릇들을 두는 골방 곧 섬기는 제사장들과 문지기들과 노래하는 자들이 있는 골방에 둘 것이라 그리하여 우리가 우리 하나님의 전을 버려두지 아니하리라"(느10:39).

32절부터 39절까지 '하나님의 전'이라는 말이 아홉 번 등장합니다. 왜 이스라엘 백성들이 하나님의 전을 지키고 돌보겠다고 결심하고 있을까요? 하나님의 전을 잃어버렸을 때의 고통과 상실감을 깨닫게 되었기 때문입니다. 성도에게 성전은 하나님을 만나는 장소요, 하나님을 예배하는 곳입니다. 성경에서 주님이 가장 분노하셨을 때가 언제일까요? 요한복음 2장에서 예루살렘 성전에 올라가신 예수님이 성전 안에서 장사를 하고 돈놀이를 하고 있는 사람들을 향해 '내 아버지의 집으로 장사하는 집을 만들지 말라'며 분노하셨습니다. 예수님은 하나님의 성전을 사랑하셨습니다. 우리도 하나님의 성전인 교회를 사랑해야 합니다. 마음을 다하여 교회를 사랑하고 돌보고 헌신하는 성도가 되길 바랍니다. 그러면 하나님께서 우리의 삶을 돌보실 것입니다. 하나님은 교회를 통하여 일하시고 교회를 통하여 복을 주십니다. 교회를 통해 하나님이 주시는 놀라운 축복을 받고 살아가는 성도가 되기 바랍니다.

[피드백]

빈칸에 알맞은 단어는 무엇입니까?

1. "주의 말씀은 내 발에 □이요 내 길에 □이니이다"(시119:105)

2. "우리의 딸들을 이 땅 백성에게 주지 아니하고 우리의 아들들을 위하여 그들의 딸들을 데려오지 아니하며 혹시 이 땅 백성이 □□□에 물품이나 온갖 곡물을 가져다가 팔려고 할지라도 우리가 □□□이나 □□에는 그들에게서 사지 않겠고 일곱째 해마다 땅을 쉬게 하고 모든 빚을 탕감하리라 하였고"(느10:30~31)

3. "우리가 또 스스로 □□를 정하기를 해마다 각기 세겔의 삼분의 일을 수납하여 하나님의 □을 위하여 쓰게 하되"(느10:32)

나눔과 적용

1. 내삶에서말씀을가까이하고그은혜를누리기위해어떤좋은방법이있습니까?
2. 하나님앞에서거룩한삶을지켜가기위해내가피해야할것에는무엇이있습니까?
3. 마음을다하여교회를사랑하고돌보기 위해내가할수있는것은무엇입니까?
4. 말씀을 통해 새롭게 깨닫게 되었거나 받은 은혜를 나누어봅시다.

제50주

주의 집에 거하는 자

♣ 예배 가이드: *편안한 삶이 아닌 평안한 삶을 추구하며, 이 땅에서 하나님의 사명을 감당하는 성도가 됩시다.*

- **본문** : 느헤미야 11장 1~6절
- **찬송** : 370장, 585장
- **요절**

"백성의 지도자들은 예루살렘에 거주하였고 그 남은 백성은 제비 뽑아 십분의 일은 거룩한 성 예루살렘에서 거주하게 하고 그 십분의 구는 다른 성읍에 거주하게 하였으며" (느 11:1)

미국의 신학자 피터 리브스라는 사람이 「돈으로 살 수 없는 것들」이라는 글을 썼습니다. "돈으로 사람(person)은 살 수 있으나 그 사람의 마음(heart)은 살 수 없다. 돈으로 호화스러운 집(house)은 살 수 있으나 행복한 가정(home)은 살 수 없다. 돈으로 최고로 좋은 침대(bed)는 살 수 있어도 최상의 달콤한 잠(sleep)은 살 수 없다. 돈으로 시계(clock)는 살 수 있어도 흘러가는 시간(time)은 살 수 없다."

사람들은 편안한 삶을 살기 원합니다. 그러나 편안한 것과 평안한 것은 다릅니다. 편안(comfort)은 몸과 환경이 편안한 것이고, 평안(peace)는 마음과 영혼의 차원입니다. 환경이 편안하다고 마음도 평안해질 수 있을까요?

"평안을 너희에게 끼치노니 곧 나의 평안을 너희에게 주노라 내가 너희에게 주는 것은 세상이 주는 것과 같지 아니하니라 너희는 마음에 근심하지도 말고 두려워하지도 말라"(요14:27).

본문은 주의 집에 거할 때 임하는 그 평안함을 얻기 위해서 오히려 불편함과 고통의 장소를 선택한 사람들이 등장하고 있습니다. 주의 집에 거하는 자들은 어떤 사람들일까요?

1. 주의 집은 부름받은 사람들이 거하는 곳입니다.

"백성의 지도자들은 예루살렘에 거주하였고 그 남은 백성은 제비 뽑아 십분의 일은 거룩한 성 예루살렘에서 거주하게 하고 그 십분의 구는 다른 성읍에 거주하게 하였으며"(느11:1).

예루살렘 성벽은 재건되었으나 성안은 황폐해져 있어 사람이 살 수 있는 환경이 아니었기에 사람들이 정착하여 성을 지키고 복구해야 할 사람들이 필요했습니다. 그런데 백성들이 아무도 성안에 들어와 살기를 원하지 않았습니다. 그래서 우선 백성의 지도자들은 예루살렘 성에 거주하고 제비를 뽑아 예루살렘 성에 거주할 사람들을 선택했습니다.

"제비는 사람이 뽑으나 모든 일을 작정하기는 여호와께 있느니라"(잠16:33).

제비에 뽑힌 사람은 그저 운이 나빠서 뽑힌 것일까요? 본문에 예루살렘 성을 '거룩한 성 예루살렘'이라고 표현하고 있습니다. 거룩한 성은 아무나 사는 것이 아니라 하나님의 선택을 받은 사람들이 사는 곳입니다.

"야곱아 너를 창조하신 여호와께서 지금 말씀하시느니라 이스라엘아 너를 지으신 이가 말씀하시느니라 너는 두려워하지 말라 내가 너를 구속하였고 내가 너를 지명하여 불렀나니 너는 내 것이라"(사43:1).

하나님의 백성이 되는 것은 아무나 되는 것이 아닙니다. 예수님을 믿어 구원받게 되는 것, 우리가 하나님의 자녀가 되는 것은 이미 창세전부터 계획하시고 하나님의 은혜가운데 선택되어진 축복의 자녀임을 믿으시기 바랍니다.

2. 주의 집은 자원하는 자들이 거하는 곳입니다.

"예루살렘에 거주하기를 자원하는 모든 자를 위하여 백성들이 복을 빌었느니라"(느11:2).

다들 예루살렘 성안에 살지 않겠다고 해서 제비를 뽑게 되었으나 스스로 자원하는 사람도 있었습니다. 파스칼은 "가슴은 머리가 알지 못하는 것을 알고 있다."라고 말했습니다. 머리와 이성이 아니라 큰 가슴으로 생각하기 시작하고 결단하게 되면 그로 인한 어려움은 오히려 내가 할 일이요 나의 꿈과 사명으로 다가오게 됩니다. 사명자는 머리로 일하는 사람이 아니라 가슴으로 일하는 사람입니다. 하나님은 자원하는 심령을 기쁘게 여기십니다.

"주의 구원의 즐거움을 내게 회복시켜 주시고 자원하는 심령을 주사 나를 붙드소서"(시51:12). 어차피 가야할 길이라면, 어차피 순종해야 하는 것이라면 자원하는 마음으로 하는 것이 훨씬 더 기쁘고 복된 길이 아닐까요? 진정한 순종이 바로 자원하는 심령으로 하는 것입니다. 예수님이 십자가에 달리신 것도 억지로 하지 않으시고 자원하는 마음으로 하셨습니다. 자원하는 심령으로 주님의 사명을 감당하고 주님께 헌신하십시오. 그러면 주님이 기뻐하실 것입니다.

3. 주의 집은 사명이 있는 자들이 거하는 집입니다.

예루살렘에 거주했던 자들은 지도자들, 제사장들, 레위인들, 성전의 봉사자들이었습니다. 단 한 사람도 필요 없는 사람들이 없고, 해야 할 사명이 있는 사람들이었습니다.

"이는 왕의 명령대로 노래하는 자들에게 날마다 할 일을 정해 주었기 때문이며"(느11:23). 심지어 노래하는 사람들도 날마다 할 일이 주어졌습니다. 온 예루살렘의 사람들이 정신없이 분주하게 일하고 움직이는 이 성의 모습이 얼마나 활력이 넘쳤을까요? 바로 이 모습이 하나님의 이루시고자 하신 주의 집의 모습입니다. 하나님의 일을 하느라 정신없는 것이 축복입니다. 왜냐면 하나님은 일한 성과대로 상을 베풀어주시기 때문입니다. 교회 안에는 일거리가 부족한 것이 아니라 늘 일꾼이 부족합니다. 그래서 주의 집은 주님을 위해 할 일이 많은 사명 있는 자만이 거할 수 있습니다.

"때가 아직 낮이매 나를 보내신 이의 일을 우리가 하여야 하리라 밤이 오리니 그 때는 아무도 일할 수 없으리라"(요9:4).

성도는 편안한 삶을 살기 위해 예수님을 믿는 자들이 아니라 평안한 삶을 살기 위해 주님을 믿는 자들입니다. 다만 이 땅에서 주의 집에 거하며 하나님의 사명을 감당하며 사는 삶은 힘든 삶입니다. 아무도 알아주지 않는 삶입니다. 그러나 우리 주님은 다 기억하시고 인정해주십니다. 주의 집에 거하며 날마다 하나님이 주시는 평안의 은혜 안에 살아가기 바랍니다.

[피드백]

빈칸에 알맞은 단어는 무엇입니까?

1. "백성의 지도자들은 □□□□에 거주하였고 그 남은 백성은 제비 뽑아 십분의 일은 거룩한 성 □□□□에서 거주하게 하고 그 십분의 구는 다른 □□에 거주하게 하였으며"(느11:1)

2. "□□을 너희에게 끼치노니 곧 나의 □□을 너희에게 주노라 내가 너희에게 주는 것은 세상이 주는 것과 같지 아니하니라 너희는 마음에 □□하지도 말고 두려워하지도 말라"(요14:27)

3. "주의 구원의 □□□을 내게 회복시켜 주시고 □□하는 심령을 주사 나를 붙드소서"(시51:12)

나눔과 적용

1. 주의집에거하는것은부름받아이루어졌습니다.이것이나에게어떠한은혜를줍니까?
2. 주의 집을 섬길 때 나에게는 자원하는 즐거움과 감사가 있습니까?
3. 주의집을위한나의사명은무엇이며,이를이루기위해할일은무엇입니까?
4. 말씀을 통해 새롭게 깨닫게 되었거나 받은 은혜를 나누어 봅시다.

[성탄주일]

제51주

예루살렘이 즐거워하는 소리

♣ 예배 가이드: *예배를 통해 새롭게 하심과 감사함을 발견하고, 그 안에서 기뻐하며 즐거워 하는 성도가 됩시다.*

▪ **본문** : 느헤미야 12장 27~43절

▪ **찬송** : 182장, 502장

▪ **요절**

"예루살렘 성벽을 봉헌하게 되니 각처에서 레위 사람들을 찾아 예루살렘으로 데려다가 감사하며 노래하며 제금을 치며 비파와 수금을 타며 즐거이 봉헌식을 행하려 하매" (느 12:27)

오늘날 많은 사람들이 힘든 삶을 살아간다고 말합니다. 그러나 하나님은 우리가 기쁨 가운데 살기를 원하십니다.

"사랑하는 자여 네 영혼이 잘됨같이 네가 범사에 잘되고 강건하기를 내가 간구하노라"(요삼1:2).

성경에 보면 예배시간에 경배와 기쁨이 항상 함께 했습니다. 하나님을 높여드리는 경배와 우리의 경배를 통해 하나님이 주시는 기쁨과 감사가 넘치는 것이 바로 예배입니다. 그래서 성도는 예배 시간을 기대하고 사모해야 합니다. 예배 시간에 우리는 하나님이 주시는 참된 기쁨을 얻을 수 있기 때문입니다. 본문에 예루살렘에서 즐거운 기쁨의 소리가 넘쳐나게 되었다고 했는데 어떻게 해서 그렇게 되었는지 살펴보겠습니다.

1. 하나님께 감사함으로 기쁨이 넘쳐났습니다.

"예루살렘 성벽을 봉헌하게 되니 각처에서 레위 사람들을 찾아 예루살렘으로 데려다가 감사하며 노래하며 제금을 치며 비파와 수금을 타며 즐거이 봉헌식을 행하려 하매"(느12:27).

'봉헌'이라는 말은 그냥 드린다는 뜻이 아니라 소유권을 넘긴다는 뜻입니다. 이스라엘 백성들이 하나님께 예루살렘 성을 봉헌한다는 것은 이제는 예루살렘 성이 자신들의 것이 아닌 하나님의 소유, 하나님의 것이라는 뜻입니다. 재건한 예루살렘 성 뿐만 아니라 이제까지 열심히 일한 자신들의 모든 수고까지도 하나님이 하신 것이기에 하나님께 올려드린다는 고백입니다. 하나님께 하는 감사는 이렇게 하는 것입니다. 내가 한 수고라도 하나님이 도와주지 않으셨다면 하나님이 인도하지 않으셨다면 이룰 수 없었다고 고백하는 것입니다.

그리고 예배 시간은 바로 우리 자신을 하나님께 드리는 봉헌식 시간입니다.

"그러므로 형제들아 내가 하나님의 모든 자비하심으로 너희를 권하노니 너희 몸을 하나님이 기뻐하시는 거룩한 산 제물로 드리라 이는 너희가 드릴 영적 예배니라"(롬12:1).

예배를 통해 하나님께 내 자신을 드릴 때 나의 인생을 하나님께서 책임져주시기 때문에 우리는 기뻐할 수 있고 즐거워할 수 있습니다. 하나님께 맡기는 자, 즐거움으로 감사하는 자에게 넘치는 기쁨으로 채워주실 것입니다.

2. 새롭게 하심으로 기쁨이 넘쳐났습니다.

"제사장들과 레위 사람들이 몸을 정결하게 하고 또 백성과 성문과 성벽을 정결하게 하니라"(느12:30).

봉헌식을 거행하는 이스라엘 백성들에게 정결의식을 거행하게 됩니다. 이는 부정한 것을 씻어버리는 것입니다. 이제 그들은 옛날의 예루살렘, 과거의 성에 사는 자들이 아니라 새로운 예루살렘, 하나님이 회복하신 새로운 성에 거하는 백성들이 되기 위해 정결의식을 진행한 것입니다. 그런데 정결의식은 백성들이 원한다고 다 할 수 있는 것이 아니라 하나님이 허락하시고 명령하실 때만 행할 수 있는 것이기에 정결의식을 행했다는 것은 하나님이 새 예루살렘, 새로운 하나님의 백성으로 살아갈 것을 허락하신 것입니다.

"그런즉 누구든지 그리스도 안에 있으면 새로운 피조물이라 이전 것은 지나갔으니 보라 새 것이 되었도다"(고후5:17).

예수님이 이 땅에 오신 이후에는 예수 그리스도를 구주로 믿는 자는 새로운 피조물이 되었음을 믿으시기 바랍니다. 주님은 과거의 삶을 살던 우리를 고쳐주시거나 과거를 지워주신 것이 아니라 완전히 새로운 피조물로 만들어 주신 것입니다. 찬송가 436장입니다. '나 이제 주님의 새 생명 얻은 몸 옛것은 지나고 새 사람이로다 그 생명 내 맘에 강같이 흐르고 그 사랑 내게서 해같이 빛난다 영생을 누리며 주 안에 살리라 오늘도 내일도 주 함께 살리라' 오늘도 우리를 새롭게 하시는 주님을 의지하며 기쁨으로 살아가기 바랍니다.

3. 큰 즐거움을 주신 하나님께 기뻐하였습니다.

"이 날에 무리가 큰 제사를 드리고 심히 즐거워하였으니 이는 하나님이 크게 즐거워하게 하셨음이라 부녀와 어린 아이도 즐거워하였으므로 예루살렘이 즐거워하는 소리가 멀리 들렸느니라"(느12:43).

하나님께서 이스라엘에 큰 즐거움을 주셨기 때문에 그들은 큰 제사를 하나님께 드렸습니다. 이는 이스라엘 백성들이 받은 은혜가 큰 은혜, 큰 기쁨이라는 것을 깨달았다는 뜻입니다. 자녀가 부모의 사랑을 깨닫기까지는 시간이 필요합니다. 철이 들게 되면 부모님의 사랑이 큰 사랑이라는 것을 알게 되는 것처럼 성도도 철이 들면 하나님의 사랑을 깨닫게 됩니다. 이전에 이스라엘 백성들은 하나님으로부터 받은 은혜가 얼마나 큰 은혜인지 모르고 살았다가 어려움을 당하고 하나님께서 다시 회복하게 하셨음을 이제야 깨닫게 된 것입니다.

"무릇 시온에서 슬퍼하는 자에게 화관을 주어 그 재를 대신하며 기쁨의 기름으로 그 슬픔을 대신하며 찬송의 옷으로 그 근심을 대신하시고 그들이 의의 나무 곧 여호와께서 심으신 그 영광을 나타낼 자라 일컬음을 받게 하려 하심이라"(사61:3).

하나님이 베풀어주신 큰 은혜, 큰 기쁨을 생각하며 날마다 즐거움으로 살아가기 바랍니다.

[피드백]

빈칸에 알맞은 단어는 무엇입니까?

1. "예루살렘 성벽을 □□하게 되니 각처에서 레위 사람들을 찾아 예루살렘으로 데려다가 감사하며 노래하며 제금을 치며 비파와 수금을 타며 즐거이 봉헌식을 행하려 하매"(느12:27)

2. "그런즉 누구든지 그리스도 안에 있으면 □□□ 피조물이라 이전 것은 지나갔으니 보라 □ □이 되었도다"(고후5:17)

3. "무릇 시온에서 슬퍼하는 자에게 화관을 주어 그 재를 대신하며 □□의 기름으로 그 슬픔을 대신하며 □□의 옷으로 그 근심을 대신하시고 그들이 의의 나무 곧 여호와께서 심으신 그 □□을 나타낼 자라 일컬음을 받게 하려 하심이라"(사61:3)

나눔과 적용

1. 현재상황이아닌장차하나님의주심을믿고내가감사할일들은무엇이있습니까?
2. 내가과거에얽매이지않고주님의새롭게하심을경험한일들이있습니까?
3. 우리가슬픔중에도기뻐할수있는이유는무엇입니까?그고백이내게있습니까?
4. 말씀을 통해 새롭게 깨닫게 되었거나 받은 은혜를 나누어 봅시다.

[송년주일]

제52주

보여 줄 땅으로 가라

♣ 예배 가이드: *하나님이 이루어가실 그 약속의 땅을 바라보며 하나님 앞에서 삶을 결단하고 따라가는 성도가 됩시다.*

▪ **본문** : 창세기 12장 1~9절

▪ **찬송** : 323장, 347장

▪ **요절**

"내가 너로 큰 민족을 이루고 네게 복을 주어 네 이름을 창대하게 하리니 너는 복이 될지라 너를 축복하는 자에게는 내가 복을 내리고 너를 저주하는 자에게는 내가 저주하리니 땅의 모든 족속이 너로 말미암아 복을 얻을 것이라 하신지라" (창 12:2~3)

우리가 인생을 살다 보면 때론 변화와 안정의 기로에 놓일 때가 있습니다. 성경은 우리에게 안정을 가르칠까요, 변화를 말하고 있을까요?

"너희는 유혹의 욕심을 따라 썩어져 가는 구습을 따르는 옛사람을 벗어버리고 오직 너희의 심령이 새롭게 되어 하나님을 따라 의와 진리의 거룩함으로 지으심을 받은 새 사람을 입으라"(엡4:22~24).

본문의 아브람은 자기 인생에서 가장 큰 변화에 직면해 있습니다. 현재의 삶을 그대로 유지하고 안정된 삶을 살아갈 것인가? 변화된 삶을 위해서 과감히 떠날 것인가 입니다. 이 선택의 기로에서 하나님의 말씀에 순종하여 떠나게 되는 아브람의 모습을 통해 우리도 하나님의 말씀에 순종하여 축복된 삶을 살아가기 바랍니다.

1. 내게 보여줄 땅으로 가라.

"여호와께서 아브람에게 이르시되 너는 너의 고향과 친척과 아버지의 집을 떠나 내가 네게 보여 줄 땅으로 가라"(창12:1).

본래 아브람은 갈대아 우르에서 우상을 만들어 팔던 아버지 데라와 함께 살았습니다. 그런 그에게 하나님이 찾아오셔서 말씀합니다. "고향과 친척과 아버지의 집을 떠나 내가 보여줄 땅으로 가라." 어디로 가야 하는지도 정확하게 알려주지 않으셨습니다. 하나님은 아브람을 찾아와서 왜 이렇게 말씀하셨을까요? 익숙했던 삶에서 떠나 하나님 중심의 삶을 살라고, 하나님이 보여주시고 열어주시는 그 길로 들어갈 것을 요구하고 계신 것입니다. 하나님은 우리가 어떤 것에서 떠나길 원하십니까? 소망이 없는 땅, 죄 가운데 살던 그 땅으로부터 떠나라고 말씀합니다. 하나님께 집중하지 못하고 세상일에 매여 살던 그 자리에서 떠나라고 하십니다. 내 재능과 내 능력만 믿고 살던 삶에서 떠나라고 하십니다. 일단 떠나면 하나님이 보여주시는 그 땅이 보이게 됩니다.

오늘도 하나님은 그분의 주권적인 계획 아래 우리를 부르십니다. 지금까지 나를 위해 살았다면 이제는 하나님이 기뻐하시는 삶으로, 지금까지 내가 좋아하는 것을 위해 살았다면 이제는 하나님이 원하시는 삶으로 바뀌어야 합니다. 그 부르심에 믿음으로 순종하는 성도가 되길 바랍니다. 순종하여 떠나면 하나님이 알려주시고 보여주십니다.

2. 내가 복을 주리라.

"내가 너로 큰 민족을 이루고 네게 복을 주어 네 이름을 창대하게 하리니 너는 복이 될지라 너를 축복하는 자에게는 내가 복을 내리고 너를 저주하는 자에게는 내가 저주하리니 땅의 모든 족속이 너로 말미암아 복을 얻을 것이라 하신지라"(창12:2~3).

'아브람'의 이름의 뜻은 '존귀한 아버지'이고 나중에 하나님이 바꿔주신 '아브라함'이라는 이름은 '열국의 아버지'라는 뜻입니다. 하나님이 사용하시면, 하나님이 축복하시면, 인간의 생각과 한계를 뛰어넘어 역사하시는 분이 하나님이십니다. 이는 믿음대로 순종하는 자에게 역사하시는 하나님의 방법입니다. 보이는 상황이나 현실을 따르는 것이 아니라 보이지 않는 하나님의 말씀을 따라가는 것이 믿음입니다.

"믿음이 없이는 하나님을 기쁘시게 하지 못하나니 하나님께 나아가는 자는 반드시 그가 계신 것과 또한 그가 자기를 찾는 자들에게 상 주시는 이심을 믿어야 할지니라"(히11:6).

하나님의 약속의 말씀을 들은 아브람은 어떻게 했습니까?

"이에 아브람이 여호와의 말씀을 따라갔고 롯도 그와 함께 갔으며 아브람이 하란을 떠날 때에 칠십오 세였더라"(창12:4).

지금 아브람의 나이는 75세로 새로운 땅으로 가기에 나이가 많고 목적지도 모르고 가야하는 막막함이 있었습니다. 하지만 아브람은 순종했습니다. 순종하면 하나님은 반드시 복을 준다고 약속하셨습니다. 아브라함은 순종함으로 결국 믿음의 조상이 되는 복을 받았습니다.

3. 내가 이 땅으로 주리라.

"여호와께서 아브람에게 나타나 이르시되 내가 이 땅을 네 자손에게 주리라 하신지라 자기에게 나타나신 여호와께 그가 그곳에서 제단을 쌓고"(창12:7).

본문에는 두 개의 땅이 나옵니다. 첫 번째 땅은 하나님이 떠나라고 한 땅이고 두 번째 땅은 하나님이 주시고자 약속한 땅입니다. 같은 땅이고 똑같은 사람이 사는 곳이지만 그 의미는 완전히 다릅니다. 이 두 땅은 성경에서는 몇 구절 차이밖에 되지 않지만 아브람 입장에서는 기약 없이 하나님이 이 땅이라고 말씀하실 때까지 계속해서 걸어가야 하는 긴 시간이었습니다. 그러나 떠나야 할 땅을 떠나니 하나님이 약속하신 가나안 땅에 결국 도착하게 하셨습니다.

아브람이 하나님이 약속하신 땅에 도착했을 때 가장 먼저 제단을 쌓고 하나님께 예배를 드렸습니다. 우리 신앙의 최우선도 예배가 되어야 합니다. 하나님이 아브람에게 떠나라고 하시고 약속의 땅으로 인도하신 것도 아브람의 예배를 받고 싶으셨던 것입니다. 예배를 통해 하나님은 우리에게 복을 주시고 약속하신 것을 이루어 가십니다. 날마다 믿음으로 순종하고 하나님이 이루어가실 그 약속의 땅을 바라보며 믿음으로 전진하는 성도가 되길 바랍니다.

[피드백]

빈칸에 알맞은 단어는 무엇입니까?

1. "너희는 유혹의 욕심을 따라 썩어져 가는 구습을 따르는 □ □ □을 벗어버리고 오직 너희의 심령이 새롭게 되어 하나님을 따라 의와 진리의 □□□으로 지으심을 받은 □ □□을 입으라"(엡4:22~24)

2. "내가 너로 □ □□을 이루고 네게 복을 주어 네 이름을 창대하게 하리니 너는 복이 될지라 너를 축복하는 자에게는 내가 □을 내리고 너를 저주하는 자에게는 내가 저주하리니 땅의 모든 □ □이 너로 말미암아 □을 얻을 것이라 하신지라"(창12:2~3)

3. "여호와께서 아브람에게 나타나 이르시되 내가 이 땅을 □ □ □에게 주리라 하신지라 자기에게 나타나신 여호와께 그가 그곳에서 □□을 쌓고"(창12:7)

나눔과 적용

1. 내삶의땅을떠나보여줄땅으로가라는말씀은무엇에서떠나라는뜻입니까?
2. 하나님께서 나를 새로운 땅으로 인도하시는 것은 무엇을 위함입니까?
3. 지나간한해를돌아보며,새해에하나님앞에서결단할내용은무엇입니까?
4. 말씀을 통해 새롭게 깨닫게 되었거나 받은 은혜를 나누어 봅시다.

구역원 명부

번호	이 름	주 소	전 화	생년월일
1			집	
		E-mail	핸	직
2			집	
		E-mail	핸	직
3			집	
		E-mail	핸	직
4			집	
		E-mail	핸	직
5			집	
		E-mail	핸	직
6			집	
		E-mail	핸	직
7			집	
		E-mail	핸	직
8			집	
		E-mail	핸	직
9			집	
		E-mail	핸	직
10			집	
		E-mail	핸	직
11			집	
		E-mail	핸	직
12			집	
		E-mail	핸	직
13			집	
		E-mail	핸	직
14			집	
		E-mail	핸	직
15			집	
		E-mail	핸	직

구역원 명부

번호	이 름	주 소	전 화	생년월일
1			집	
		E-mail	핸	직
2			집	
		E-mail	핸	직
3			집	
		E-mail	핸	직
4			집	
		E-mail	핸	직
5			집	
		E-mail	핸	직
6			집	
		E-mail	핸	직
7			집	
		E-mail	핸	직
8			집	
		E-mail	핸	직
9			집	
		E-mail	핸	직
10			집	
		E-mail	핸	직
11			집	
		E-mail	핸	직
12			집	
		E-mail	핸	직
13			집	
		E-mail	핸	직
14			집	
		E-mail	핸	직
15			집	
		E-mail	핸	직

구역원 출석부

번호	이 름	1월					2월					3월					4월					계
1																						
2																						
3																						
4																						
5																						
6																						
7																						
8																						
9																						
10																						
11																						
12																						
13																						
14																						
15																						
16																						
17																						
18																						
19																						
20																						
21																						
22																						
23																						
24																						
25																						

번호	이 름	5월					6월					7월					8월					계
1																						
2																						
3																						
4																						
5																						
6																						
7																						
8																						
9																						
10																						
11																						
12																						
13																						
14																						
15																						
16																						
17																						
18																						
19																						
20																						
21																						
22																						
23																						
24																						
25																						

번호	이 름	9월					10월					11월					12월					계
1																						
2																						
3																						
4																						
5																						
6																						
7																						
8																						
9																						
10																						
11																						
12																						
13																						
14																						
15																						
16																						
17																						
18																						
19																						
20																						
21																						
22																						
23																						
24																						
25																						

성경읽기표

구약

제 목	읽 기 표																								
창 세 기	1	2	3	4	5	6	7	8	9	10	11	12	13	14	15	16	17	18	19	20	21	22	23	24	25
	26	27	28	29	30	31	32	33	34	35	36	37	38	39	40	41	42	43	44	45	46	47	48	49	50
출애굽기	1	2	3	4	5	6	7	8	9	10	11	12	13	14	15	16	17	18	19	20	21	22	23	24	25
	26	27	28	29	30	31	32	33	34	35	36	37	38	39	40										
레 위 기	1	2	3	4	5	6	7	8	9	10	11	12	13	14	15	16	17	18	19	20	21	22	23	24	25
	26	27																							
민 수 기	1	2	3	4	5	6	7	8	9	10	11	12	13	14	15	16	17	18	19	20	21	22	23	24	25
	26	27	28	29	30	31	32	33	34	35	36														
신 명 기	1	2	3	4	5	6	7	8	9	10	11	12	13	14	15	16	17	18	19	20	21	22	23	24	25
	26	27	28	29	30	31	32	33	34																
여호수아	1	2	3	4	5	6	7	8	9	10	11	12	13	14	15	16	17	18	19	20	21	22	23	24	
사 사 기	1	2	3	4	5	6	7	8	9	10	11	12	13	14	15	16	17	18	19	20	21				
룻 기	1	2	3	4																					
사무엘상	1	2	3	4	5	6	7	8	9	10	11	12	13	14	15	16	17	18	19	20	21	22	23	24	25
	26	27	28	29	30	31																			
사무엘하	1	2	3	4	5	6	7	8	9	10	11	12	13	14	15	16	17	18	19	20	21	22	23	24	
열왕기상	1	2	3	4	5	6	7	8	9	10	11	12	13	14	15	16	17	18	19	20	21	22			
열왕기하	1	2	3	4	5	6	7	8	9	10	11	12	13	14	15	16	17	18	19	20	21	22	23	24	25
역 대 상	1	2	3	4	5	6	7	8	9	10	11	12	13	14	15	16	17	18	19	20	21	22	23	24	25
	26	27	28	29																					
역 대 하	1	2	3	4	5	6	7	8	9	10	11	12	13	14	15	16	17	18	19	20	21	22	23	24	25
	26	27	28	29	30	31	32	33	34	35	36														
에 스 라	1	2	3	4	5	6	7	8	9	10															
느헤미야	1	2	3	4	5	6	7	8	9	10	11	12	13												
에 스 더	1	2	3	4	5	6	7	8	9	10															
욥 기	1	2	3	4	5	6	7	8	9	10	11	12	13	14	15	16	17	18	19	20	21	22	23	24	25
	26	27	28	29	30	31	32	33	34	35	36	37	38	39	40	41	42								
시 편	1	2	3	4	5	6	7	8	9	10	11	12	13	14	15	16	17	18	19	20	21	22	23	24	25
	26	27	28	29	30	31	32	33	34	35	36	37	38	39	40	41	42	43	44	45	46	47	48	49	50

구약

제 목	읽 기 표																							
시 편	51	52	53	54	55	56	57	58	59	60	61	62	63	64	65	66	67	68	69	70	71	72	73	74	75
	76	77	78	79	80	81	82	83	84	85	86	87	88	89	90	91	92	93	94	95	96	97	98	99	100
	101	102	103	104	105	116	107	108	119	110	111	112	113	114	115	116	117	118	119	120	121	122	123	124	125
	126	127	128	129	130	131	132	133	134	135	136	137	138	139	140	141	142	143	144	145	146	147	148	149	150
잠 언	1	2	3	4	5	6	7	8	9	10	11	12	13	14	15	16	17	18	19	20	21	22	23	24	25
	26	27	28	29	30	31																			
전도서	1	2	3	4	5	6	7	8	9	10	11	12													
아 가	1	2	3	4	5	6	7	8																	
이사야	1	2	3	4	5	6	7	8	9	10	11	12	13	14	15	16	17	18	19	20	21	22	23	24	25
	26	27	28	29	30	31	32	33	34	35	36	37	38	39	40	41	42	43	44	45	46	47	48	49	50
	51	52	53	54	55	56	57	58	59	60	61	62	63	64	65	66									
예레미야	1	2	3	4	5	6	7	8	9	10	11	12	13	14	15	16	17	18	19	20	21	22	23	24	25
	26	27	28	29	30	31	32	33	34	35	36	37	38	39	40	41	42	43	44	45	46	47	48	49	50
	51	52																							
예레미야애가	1	2	3	4	5																				
에스겔	1	2	3	4	5	6	7	8	9	10	11	12	13	14	15	16	17	18	19	20	21	22	23	24	25
	26	27	28	29	30	31	32	33	34	35	36	37	38	39	40	41	42	43	44	45	46	47	48		
다니엘	1	2	3	4	5	6	7	8	9	10	11	12													
호세아	1	2	3	4	5	6	7	8	9	10	11	12	13	14											
요 엘	1	2	3																						
아모스	1	2	3	4	5	6	7	8	9																
오바댜	1																								
요 나	1	2	3	4																					
미 가	1	2	3	4	5	6	7																		
나 훔	1	2	3																						
하박국	1	2	3																						
스바냐	1	2	3																						
학 개	1	2																							
스가랴	1	2	3	4	5	6	7	8	9	10	11	12	13	14											
말라기	1	2	3	4																					

신약

제 목	읽 기 표																								
마태복음	1	2	3	4	5	6	7	8	9	10	11	12	13	14	15	16	17	18	19	20	21	22	23	24	25
	26	27	28																						
마가복음	1	2	3	4	5	6	7	8	9	10	11	12	13	14	15	16									
누가복음	1	2	3	4	5	6	7	8	9	10	11	12	13	14	15	16	17	18	19	20	21	22	23	24	
요한복음	1	2	3	4	5	6	7	8	9	10	11	12	13	14	15	16	17	18	19	20	21				
사도행전	1	2	3	4	5	6	7	8	9	10	11	12	13	14	15	16	17	18	19	20	21	22	23	24	25
	26	27	28																						
로 마 서	1	2	3	4	5	6	7	8	9	10	11	12	13	14	15	16									
고린도전서	1	2	3	4	5	6	7	8	9	10	11	12	13	14	15	16									
고린도후서	1	2	3	4	5	6	7	8	9	10	11	12	13												
갈라디아서	1	2	3	4	5	6																			
에베소서	1	2	3	4	5	6																			
빌립보서	1	2	3	4																					
골로새서	1	2	3	4																					
데살로니가전서	1	2	3	4	5																				
데살로니가후서	1	2	3																						
디모데전서	1	2	3	4	5	6																			
디모데후서	1	2	3	4																					
디 도 서	1	2	3																						
빌레몬서	1																								
히브리서	1	2	3	4	5	6	7	8	9	10	11	12	13												
야고보서	1	2	3	4	5																				
베드로전서	1	2	3	4	5																				
베드로후서	1	2	3																						
요한일서	1	2	3	4	5																				
요한이서	1																								
요한삼서	1																								
유 다 서	1																								
요한계시록	1	2	3	4	5	6	7	8	9	10	11	12	13	14	15	16	17	18	19	20	21	22			

자기 신앙 출석부

종목 \ 월		1	2	3	4	5	6	7	8	9	10	11	12	계
1주	주일 낮 예배													
	주일 저녁 예배													
	수요 저녁 예배													
	금요 철야 예배													
	구 역 예 배													
	9 시 기 도													
	새 벽 기 도													
2주	주일 낮 예배													
	주일 저녁 예배													
	수요 저녁 예배													
	금요 철야 예배													
	구 역 예 배													
	9 시 기 도													
	새 벽 기 도													
3주	주일 낮 예배													
	주일 저녁 예배													
	수요 저녁 예배													
	금요 철야 예배													
	구 역 예 배													
	9 시 기 도													
	새 벽 기 도													
4주	주일 낮 예배													
	주일 저녁 예배													
	수요 저녁 예배													
	금요 철야 예배													
	구 역 예 배													
	9 시 기 도													
	새 벽 기 도													
5주	주일 낮 예배													
	주일 저녁 예배													
	수요 저녁 예배													
	금요 철야 예배													
	구 역 예 배													
	9 시 기 도													
	새 벽 기 도													

보기: /출석 ○결석 √지각